中国普通高校创新能力监测报告

2016

中华人民共和国教育部
中华人民共和国科学技术部 编

科学技术文献出版社
SCIENTIFIC AND TECHNICAL DOCUMENTATION PRESS
·北京·

图书在版编目（CIP）数据

中国普通高校创新能力监测报告. 2016 / 中华人民共和国教育部，中华人民共和国科学技术部编. —北京：科学技术文献出版社，2016. 12

ISBN 978-7-5189-2257-4

Ⅰ. ①中… Ⅱ. ①中… ②中… Ⅲ. ①高等学校—科研管理—研究报告—中国—2016 Ⅳ. ① G644

中国版本图书馆 CIP 数据核字（2017）第 000591 号

中国普通高校创新能力监测报告2016

策划编辑：李　蕊　责任编辑：张　红　戴　妍　责任校对：张吲哚　责任出版：张志平

出 版 者　科学技术文献出版社
地　　址　北京市复兴路15号　邮编 100038
编 务 部　（010）58882938，58882087（传真）
发 行 部　（010）58882868，58882874（传真）
邮 购 部　（010）58882873
官方网址　www.stdp.com.cn
发 行 者　科学技术文献出版社发行　全国各地新华书店经销
印 刷 者　北京时尚印佳彩色印刷有限公司
版　　次　2016 年 12 月第 1 版　2016 年 12 月第 1 次印刷
开　　本　889 × 1194　1/16
字　　数　87千
印　　张　5.75
书　　号　ISBN 978-7-5189-2257-4
定　　价　58.00元

中国普通高校创新能力监测报告2016

编辑委员会及编辑人员

前言

当前国际竞争日趋激烈，世界主要发达国家都将创新发展提升到国家战略的重要地位。习近平总书记在二十国集团领导人第十次峰会上指出，“世界经济长远发展的动力源自创新”，“体制机制变革释放出的活力和创造力，科技进步造就的新产业和新产品，是历次重大危机后世界经济走出困境、实现复苏的根本”。全面实施创新驱动发展战略，依靠科技创新转换发展动力，适应和引领我国经济发展新常态，成为当下的必然选择。

根据中共中央、国务院《关于深化科技体制改革加快国家创新体系建设的意见》（中发〔2012〕6号）的相关要求，科技部、国家统计局会同有关部门加快推进国家创新调查制度建设。高校是国家创新体系的重要组成部分，是开展科技创新研究的主要机构，也是创新型科技人才的主要培养基地。2015年，教育部科学技术司会同科技部创新发展司、中国教育科学研究院、中国科学技术发展战略研究院联合开展了全国普通高校创新调查，通过对1762所普通高校、3626名拥有校企合作项目的项目负责人进行问卷调查，首次获得了一批反映当前普通高校与企业联合培养人才、参与产学研合作、科技成果扩散与转化等状况的最新数据。

本报告以2005—2014年全国普通高校统计数据为基础（主要来源于《中国科技统计年鉴》、《中国教育统计年鉴》、《中国教育经费统计年鉴》以及《高等学校科技统计资料汇编》等），结合2015年全国普通高校创新调查数据，从高校创新情况、创新人才培养、研发活动、科技成果转化和产学研合作五个方面，选取78个指标，对全国普通高校创新能力总体状况和基本特征进行监测，着重反映普通高校在以企业为核心的创新体系中所发挥的作用。

本报告分为六个部分：第一部分构建了普通高等学校创新能力监测框架；第二、第三、第四和第五部分反映了2005—2014年普通高校创新能力整体发展状况；第六部分基于2015年全国普通高校创新调查数据，重点反映高校参与产学研合作创新的状况。

高校创新能力监测是一项长期的系统性、基础性工作。本次普通高校创新能力监测是第一次开展，难免存在很多疏漏和偏差，今后随着全国科技统计工作和创新调查工作的进一步发展，将不断调整和完善。

《中国普通高校创新能力监测报告2016》

编辑委员会

二〇一六年十月

目录 Contents

一、普通高校创新能力监测框架 1

二、高校基本情况 7

三、创新人才培养 11

四、高校研发活动 14

五、科技成果转化 30

六、产学研合作 35

（一）部门负责人调查 36

（二）项目负责人调查 64

附录1：产学研合作调查对象 73

附录2：指标解释 77

附录3：数据来源 81

一、普通高校创新能力监测框架

我国拥有世界上在校生规模最大的高等教育系统。2015年，全国共有普通高等学校2560所（其中研究生培养机构575个），普通高等教育本专科在校生2625.30万人，研究生在校生191.14万人，教职工236.93万人。普通高校是国家创新体系的重要组成部分，在创新型人才培养、知识创新与传播、产学研合作等方面都发挥着重要作用。

2015年，中共中央办公厅、国务院办公厅印发《深化科技体制改革实施方案》，指出高等学校是源头创新的主力军之一，必须大力增强其原始创新和服务经济社会发展能力，并且提出"完善高等学校科研体系，建设一批世界一流大学和一流学科"的具体措施。该方案还指出，创新驱动实质上是人才驱动，因此要加大力度改进创新型人才培养模式，增强科技创新人才后备力量。

根据高校在整个国家创新体系中的定位以及高校自身的职能特征，全面监测普通高校创新能力，需要兼顾人才培养、科学研究和社会服务等多个方面。在充分考虑数据可获得性和指标体系完整性的基础上，高校创新调查监测报告从5个维度（一级指标）建立了包括81个二级指标的监测框架：

1.高校基本情况。高校基本情况主要是指普通高校创新载体和人员的数量，包括高校数量、高校R&D机构数量、专任教师数量与结构等，共6个二级指标。

2.创新人才培养。创新人才是创新发展的根本。人才培养是高校三大职能之一，同时高校在国家创新体系中也肩负着培养和输送创新型人才的重要使命。这个维度主要包括普通高校专科、本科、研究生在校生数量等，共6个二级指标。

3.高校研发活动。人力和经费投入是高校开展研发活动的基本保障。这个维度主要包括R&D人员数量与结构、R&D经费规模、R&D经费类型、R&D经费来源等，共13个二级指标。

4.科研成果及转化。科技成果是科技创新活动的结晶，科技成果转化为现实生产力是创新驱动发展的本质要求。这一维度主要包括科研成果、科研成果转化与扩散等，共21个二级指标。

5.产学研合作。随着高校功能从人才培育、科学研究到社会服务的延伸，高等教育、科技、经济一体化的趋势越来越强。产学研合作是企业、科研院所和高等学校之间的合作，其实质是促进技术创新所需各种生产要素的有效组合。这个维度主要围绕校企合作培养人才、产学研合作开展项目研究、产学研合作进行科研成果转化与扩散等方面展开。具体包括基于学校调查数据和基于项目负责人调查数据构建的两类指标。学校层面包括校企联合共建博士后工作站、实习实训基地等26个二级指标；项目负责人层面包括教学与科研的关系、产学研合作创新的激励与阻碍因素、成果转化与扩散的制约因素等9个二级指标。

在高校创新能力监测指标体系中，前4个一级指标数据来源于历年公开统计出版物，部分二级指标按照学校类型、学科、层次、地区分布等进行分类。第5个一级指标数据来源于2015年全国普通高校创新调查，二级指标按照学校类型、层次、地区分布等进行分类。

表1-1　高校创新能力监测指标体系

一级指标	二级指标
1. 高校基本情况	1.1 普通高校数量
	1.2 普通高校R&D机构数量
	1.3 专任教师数量
	1.4 专任教师拥有高级职称占比
	1.5 专任教师拥有博士学位占比
	1.6 女性专任教师占比

续表

一级指标	二级指标
2. 创新人才培养	2.1 专科在校生人数
	2.2 理工农医专科在校生人数
	2.3 本科在校生人数
	2.4 理工农医本科在校生人数
	2.5 研究生在校生人数
	2.6 理工农医研究生在校生人数
3. 高校研发活动	3.1 R&D人员
	3.2 R&D人员占全国的比例
	3.3 女性R&D人员占比
	3.4 硕博学位R&D人员占比
	3.5 R&D人员全时当量
	3.6 R&D人员全时当量占全国的比例
	3.7 参与课题研究的在校研究生数量
	3.8 R&D经费内部支出
	3.9 R&D经费内部支出占全国比重
	3.10 R&D人员人均经费
	3.11 R&D经费内部支出按活动类型分布
	3.11-1 基础研究在R&D经费内部支出中占比
	3.11-2 应用研究在R&D经费内部支出中占比
	3.11-3 试验发展在R&D经费内部支出中占比
	3.12 R&D课题经费
	3.13 不同资金来源的R&D经费比例
	3.13-1 来源于政府资金的R&D经费比例
	3.13-2 来源于企业资金的R&D经费比例
	3.13-3 来源于国外资金的R&D经费比例
	3.13-4 来源于其他资金的R&D经费比例

续表

一级指标	二级指标
4. 科技成果及转化	4.1 科技论文数量
	4.2 科技论文数量占全国的比例
	4.3 SCI论文数量
	4.4 SCI论文数量占全国的比例
	4.5 专利申请数量
	4.6 专利申请数量占全国的比例
	4.7 发明专利申请数量占全国的比例
	4.8 发明专利申请数量占专利申请数的比例
	4.9 专利授权数量
	4.10 专利授权数量占全国的比例
	4.11 发明专利授权数量占全国的比例
	4.12 发明专利授权数量占专利授权的比例
	4.13 技术转让合同数量
	4.14 技术转让合同数量占全国的比例
	4.15 技术转让金额数量
	4.16 技术转让金额占全国的比例
	4.17 专利所有权转让及许可数量
	4.18 专利所有权转让及许可收入
	4.19 企业委托R&D课题数
	4.20 企业委托R&D课题经费
	4.21 参与企业委托R&D课题人员数量
5. 产学研合作	5.1 校企联合共建博士后工作站
	5.2 校企联合共建校内实习实训基地
	5.3 校企联合共建校外实习实训基地
	5.4 校企联合共建科研机构

续表

一级指标	二级指标
5. 产学研合作	5.5 创新创业课程
	5.6 在校生创新创业项目
	5.7 国家级创新创业大赛奖项
	5.8 一定比例学生到稳定合作企业实习的学校数
	5.9 外聘教师
	5.10 来自企业行业的外聘教师
	5.11 境外外聘教师
	5.12 教师去企业实践
	5.13 承接企业员工培训
	5.14 参与企业技术咨询服务的教师
	5.15 校企联合申报项目
	5.16 所在省份企业的合作项目
	5.17 其他省份企业的合作项目
	5.18 专门的技术成果转化与扩散机构
	5.19 专门的技术成果转化与扩散网站
	5.20 来自校企合作项目的发明专利申请
	5.21 来自校企合作项目的发明专利授权
	5.22 转让著作权
	5.23 专利实施
	5.24 技术转让
	5.25 以知识产权投资形式注册企业
	5.26 以知识产权投资形式注册企业股权作价
	5.27 科研与教学的关系

续表

一级指标	二级指标
5. 产学研合作	5.28 制约科研成果向教育教学资源转化的因素
	5.29 项目负责人为企业提供专业培训情况
	5.30 项目负责人为企业提供专业咨询情况
	5.31 项目负责人认为自身学校需要服务的对象
	5.32 校企合作创新过程中的纠纷
	5.33 影响产学研合作创新的激励因素
	5.34 影响产学研合作创新的制约因素
	5.35 制约创新成果转化或扩散的因素

二、高校基本情况

监测结果显示，2014年全国拥有普通高校2529所，其中本科高校1202所，高职专科学校1327所，R&D机构10632个；全国拥有普通高校专任教师153.5万人，其中，拥有高级职称的专任教师占41.5%，拥有博士学位的专任教师占20.4%，女性教师占48.1%。

表2-1　普通高校基本情况（2005—2014年）

指标	2005年	2006年	2007年	2008年	2009年	2010年	2011年	2012年	2013年	2014年
1.1 普通高校数量（所）	1792	1867	1908	2263	2305	2358	2409	2442	2491	2529
本科	701	720	740	1079	1090	1112	1129	1145	1170	1202
高职专科	1091	1147	1168	1184	1215	1246	1280	1297	1321	1327
中央所属	111	111	111	111	111	111	111	113	113	113
地方所属	1431	1480	1502	1514	1538	1573	1602	1623	1661	1689
民办	250	276	295	638	656	674	696	706	717	727
1.2 普通高校R&D机构数量（个）	3936	4154	4502	5159	6082	7833	8630	9225	9842	10632
1.3 专任教师数量（万人）	96.6	107.6	116.8	123.7	129.5	134.3	139.3	144.0	149.7	153.5
1.4 专任教师拥有高级职称占比（%）	38.8	38.4	38.2	38.1	38.5	39.1	39.8	40.4	41.0	41.5
1.5 专任教师拥有博士学位占比（%）	9.2	10.1	11.2	12.3	13.6	14.9	16.3	17.7	19.1	20.4
1.6 女性专任教师占比（%）	43.3	44.2	45.0	45.6	46.0	46.5	46.9	47.3	47.7	48.1

表2-2 分地区普通高校基本情况（2014年）

（单位：所）

地区	普通高校总数	其中：中央部门	本科院校	高职专科院校
北 京	89	35	64	25
天 津	55	3	29	26
河 北	118	4	58	60
山 西	79	0	31	48
内蒙古	50	0	15	35
辽 宁	116	5	65	51
吉 林	58	2	37	21
黑龙江	80	3	38	42
上 海	68	10	37	31
江 苏	159	10	76	83
浙 江	104	2	57	47
安 徽	118	2	44	74
福 建	88	2	33	55
江 西	95	0	42	53
山 东	141	2	65	76
河 南	129	1	52	77
湖 北	123	8	67	56
湖 南	124	3	51	73
广 东	141	4	62	79
广 西	70	0	33	37
海 南	17	0	6	11
重 庆	63	2	25	38
四 川	107	6	50	57
贵 州	55	0	26	29
云 南	67	0	30	37

续表

地区	普通高校总数	其中：中央部门	本科院校	高职专科院校
西　藏	6	0	3	3
陕　西	92	6	55	37
甘　肃	43	2	21	22
青　海	12	0	4	8
宁　夏	18	1	8	10
新　疆	44	0	18	26

表2-3　分地区普通高校专任教师情况（2014年）

地区	专任教师数量（人）	专任教师拥有高级职称的比例（%）	专任教师拥有博士学位的比例（%）	专任教师拥有硕士学位的比例（%）
北　京	68380	60.9	55.4	26.6
天　津	31008	47.1	30.7	35.6
河　北	68578	43.7	12.9	35.8
山　西	40317	33.8	11.0	37.8
内蒙古	25000	40.8	10.4	34.8
辽　宁	64246	44.7	20.5	37.5
吉　林	38549	46.3	21.3	40.0
黑龙江	46870	48.0	21.3	35.1
上　海	40558	50.1	46.9	31.4
江　苏	104549	45.8	27.4	33.7
浙　江	58076	44.6	26.8	34.4
安　徽	56525	34.8	13.7	42.9
福　建	43902	39.2	19.4	36.0
江　西	54429	36.9	10.5	32.9
山　东	101380	38.6	16.8	35.1

续表

地区	专任教师数量（人）	专任教师拥有高级职称的比例（%）	专任教师拥有博士学位的比例（%）	专任教师拥有硕士学位的比例（%）
河　南	95134	35.0	12.8	38.4
湖　北	82821	44.1	22.5	36.1
湖　南	64919	39.8	15.9	32.7
广　东	95193	37.8	21.5	36.6
广　西	37680	37.8	11.5	43.3
海　南	8894	35.4	13.3	37.0
重　庆	38944	38.6	18.3	39.7
四　川	81404	36.9	15.9	37.4
贵　州	28144	40.3	9.1	34.7
云　南	35396	37.8	13.4	36.9
西　藏	2601	41.2	9.4	45.3
陕　西	64970	39.5	22.6	38.1
甘　肃	25283	42.0	14.1	39.8
青　海	3920	52.2	8.0	26.3
宁　夏	7759	43.7	11.0	35.3
新　疆	19081	35.2	10.9	38.0

三、创新人才培养

监测结果显示，2014年我国普通高校拥有专科在校生1006.6万人，其中理工农医587.7万人；本科在校生1541.1万人，其中理工农医757.4万人；研究生在校生182.3万人，其中理工农医111.4万人。

表3-1　普通高校人才培养状况（2005—2014年）

指标	2005年	2006年	2007年	2008年	2009年	2010年	2011年	2012年	2013年	2014年
2.1 专科在校生人数（万人）	713.0	795.5	860.6	916.8	964.8	966.2	958.9	964.2	973.6	1006.6
2.2 理工农医专科在校生人数（万人）	342.4	391.5	432.3	470.0	502.2	506.2	544.9	553.5	564.0	587.7
2.3 本科在校生人数（万人）	848.8	943.3	1024.3	1104.2	1179.9	1265.6	1349.7	1427.1	1494.4	1541.1
2.4 理工农医本科在校生人数（万人）	446.2	487.7	524.0	561.1	596.4	635.7	674.1	708.8	735.3	757.4
2.5 研究生在校生人数（万人）	97.9	105.6	114.4	123.1	135.1	148.3	158.8	167.9	175.0	182.3
2.6 理工农医研究生在校生人数（万人）	56.1	63.2	67.5	72.3	71.5	74.2	93.1	99.4	103.9	111.4

表3-2　分地区普通高校人才培养（2014年）

（单位：万人）

地区	专科在校生数量	本科在校生数量	研究生在校生数量
北　京	10.5	49.9	28.2
天　津	17.7	32.9	5.1
河　北	49.9	66.6	3.8
山　西	29.1	42.2	2.8
内蒙古	17.2	23.5	1.7
辽　宁	29.3	70.5	9.2
吉　林	15.5	46.3	5.8
黑龙江	21.5	51.5	6.0
上　海	14.2	36.5	13.2
江　苏	68.6	101.3	15.0
浙　江	37.8	60.0	6.0
安　徽	47.6	60.5	4.7
福　建	27.1	47.8	3.9
江　西	41.9	49.8	2.8
山　东	83.6	96.1	7.4
河　南	72.5	95.5	3.5
湖　北	55.5	86.5	11.4
湖　南	47.1	66.5	6.6
广　东	79.6	99.8	8.6
广　西	34.6	35.6	2.6
海　南	7.6	10.5	0.4
重　庆	25.8	43.4	4.9
四　川	57.9	74.9	8.7
贵　州	18.7	27.3	1.5
云　南	19.8	37.9	3.1

续表

地区	专科在校生数量	本科在校生数量	研究生在校生数量
西　藏	1.1	2.2	0.1
陕　西	39.4	70.6	9.8
甘　肃	16.4	28.8	2.9
青　海	1.9	3.4	0.3
宁　夏	4.0	7.2	0.4
新　疆	13.5	15.5	1.7

四、高校研发活动

监测结果显示，2014年我国普通高校拥有R&D人员76.3万人，占全国R&D人员的14.3%；女性R&D人员占40.0%，硕博学位的R&D人员占63.8%。普通高校R&D人员全时当量33.5万人年，占全国R&D人员全时当量的9.0%；其中，在基础研究中投入15.5万人年，应用研究中投入16.1万人年，试验发展中投入1.9万人年。在设有理、工、农、医类教学专业的高校中，参与课题研究的在校研究生数量达57.7万人。

2014年，全国普通高校R&D经费内部支出898.1亿元，占全国R&D经费内部支出的6.9%，R&D人员人均经费11.8万元/人。在普通高校R&D经费内部支出中，基础研究占36.6%，应用研究占53.1%，试验发展占10.4%。在全国普通高校R&D经费来源中，政府资金占59.7%，企业资金占33.7%，国外资金占0.6%，其他资金占6.0%。2014年，全国普通高校R&D课题经费达701.8亿元。

表4-1　普通高校R&D人员投入（2005—2014年）

指标	2005年	2006年	2007年	2008年	2009年	2010年	2011年	2012年	2013年	2014年
3.1 R&D人员（万人）	38.7	42.1	44.8	47.8	50.9	59.4	63.2	67.8	71.5	76.3
3.2 R&D人员占全国的比例（%）	—	—	—	—	16.0	16.8	15.7	14.7	14.2	14.3
3.3 女性R&D人员占比（%）	—	—	—	—	32.3	35.1	36.4	37.5	38.7	40.0
3.4 硕博学位R&D人员占比（%）	—	—	—	—	57.6	57.0	58.9	61.0	62.5	63.8
3.5 R&D人员全时当量（万人年）	22.7	24.2	25.4	26.6	27.5	29.0	29.9	31.4	32.5	33.5

续表

指标	2005年	2006年	2007年	2008年	2009年	2010年	2011年	2012年	2013年	2014年
基础研究	7.8	9.0	9.4	10.9	11.2	12.0	12.9	14.0	14.7	15.5
应用研究	11.1	11.3	12.0	13.7	14.2	14.8	15.0	15.4	15.9	16.1
试验发展	3.9	3.9	4.0	2.0	2.1	2.1	2.0	1.9	1.9	1.9
3.6 R&D人员全时当量占全国的比例（%）	16.6	16.1	14.6	13.6	12.0	11.3	10.4	9.7	9.2	9.0
3.7 参与课题研究的在校研究生数量（万人）*	21.5	23.0	26.7	30.1	38.7	43.9	46.2	51.3	55.0	57.7

*仅包括设有理、工、农、医类教学专业的高校。

表4-2　普通高校R&D经费投入（2005—2014年）

指标	2005年	2006年	2007年	2008年	2009年	2010年	2011年	2012年	2013年	2014年
3.8 R&D经费内部支出（亿元）	242.3	276.8	314.7	390.2	468.2	597.3	688.8	780.6	856.7	898.1
3.9 R&D经费内部支出占全国比重（%）	9.9	9.2	8.5	8.5	8.1	8.5	7.9	7.6	7.2	6.9
3.10 R&D人员人均经费（万元/人）	6.2	6.6	7.0	8.2	9.2	10.1	10.9	11.5	12.0	11.8
3.11-1 基础研究在R&D经费内部支出中占比（%）	23.4	25.8	27.6	29.4	31.1	31.1	32.9	35.3	35.9	36.6
3.11-2 应用研究在R&D经费内部支出中占比（%）	51.6	49.6	51.4	53.5	53.4	56.4	54.1	51.6	51.5	53.1
3.11-3 试验发展在R&D经费内部支出中占比（%）	25.0	24.6	21.0	17.0	15.5	13.5	13.0	13.1	12.6	10.4
3.12 R&D课题经费（亿元）	193.5	287.0	258.2	323.2	363.5	467.0	535.3	607.3	662.7	701.8
3.13-1 来源于政府资金的R&D经费比例（%）	54.9	54.7	56.5	57.8	56.0	60.1	58.8	60.7	60.3	59.7

续表

指标	2005年	2006年	2007年	2008年	2009年	2010年	2011年	2012年	2013年	2014年
3.13-2 来源于企业资金的R&D经费比例（%）	36.7	36.6	35.0	34.6	36.7	33.2	35.3	33.4	33.8	33.7
3.13-3 来源于国外资金的R&D经费比例（%）	1.6	1.4	1.5	1.2	1.0	0.9	0.9	0.8	0.6	0.6
3.13-4 来源于其他资金的R&D经费比例（%）	6.7	7.3	7.0	6.4	6.3	5.8	5.1	5.1	5.3	6.0

表4-3　普通高校R&D课题人员投入按学科分布（2010—2014年）

（单位：人年）

学科	2010年	2011年	2012年	2013年	2014年
数学	4838	5093	5374	5890	6353
信息科学与系统科学	3017	3648	3156	3459	3772
力学	1225	1161	1477	1427	1611
物理学	6103	6124	6818	7156	7303
化学	9045	9668	9651	10355	10577
天文学	151	148	168	127	218
地球科学	5800	5272	6150	6301	6596
生物学	11013	10683	10849	11634	11384
心理学	104	101	136	186	1357
农学	8490	7764	8862	8207	7998
林学	2422	2416	2216	2179	2285
畜牧、兽医科学	3247	3087	3006	3128	3150
水产学	1000	935	938	1098	1215
基础医学	12188	12813	12899	14440	14259
临床医学	36658	39183	40279	40127	43330

续表

学科	2010年	2011年	2012年	2013年	2014年
预防医学与卫生学	2151	2105	1973	1838	1909
军事医学与特种医学	64	91	112	119	80
药学	3093	3547	3430	3738	4162
中医学与中药学	10989	11705	11855	13654	12223
工程与技术科学基础学科	1825	1959	1394	1504	2211
信息与系统科学相关工程与技术	833	1302	1887	1985	2555
自然科学相关工程与技术	888	784	754	1075	1176
测绘科学技术	803	767	785	904	912
材料科学	9868	10227	9828	10495	11321
矿山工程技术	3235	3667	3472	3655	3243
冶金工程技术	1365	951	1191	1254	1053
机械工程	10540	12050	11386	11092	11546
动力与电气工程	5290	5242	5615	5558	5978
能源科学技术	2263	2406	2387	2430	3194
核科学技术	516	433	612	497	586
电子、通信与自动控制技术	13715	13000	13092	12560	11653
计算机科学技术	10750	10715	11813	11528	12138
化学工程	5751	5570	5753	5748	5718
产品应用相关工程与技术	257	302	604	567	531
纺织科学技术	1131	1036	1044	1060	929
食品科学技术	2322	2309	2562	2738	2984
土木建筑工程	6913	6941	6921	7580	8032
水利工程	1648	1864	1864	1752	1781
交通运输工程	4139	4533	4124	4646	4933
航空、航天科学技术	2349	1720	2091	2350	1729
环境科学技术	6451	6325	6238	7209	6935

续表

学科	2010年	2011年	2012年	2013年	2014年
安全科学技术	527	547	648	611	711
管理学	16412	17694	19703	20359	19819
马克思主义	2064	2345	2695	2976	3350
哲学	1301	1403	1452	1505	1599
宗教学	225	232	262	250	290
语言学	4953	5351	5989	6152	6435
文学	4019	4131	4643	4753	4864
艺术学	4690	5430	6077	6383	6795
历史学	2074	2155	2443	2369	2497
考古学	224	244	259	254	291
经济学	11654	12082	13046	12675	13073
政治学	1961	1919	2031	2128	2205
法学	4168	4504	4980	5100	5277
军事学	59	2	122	15	6
社会学	3809	4073	4496	4806	5050
民族学	560	833	1118	1300	1495
新闻学与传播学	1468	1549	1723	1831	1966
图书馆、情报与文献学	1439	1583	1735	1773	1808
教育学	9069	9312	10308	10823	11423
体育科学	3215	3349	3780	4118	3886
统计学	496	508	658	754	834
其他	107	123	175	310	273

表4-4　分地区普通高校R&D人员情况（2014年）

地区	R&D人员 （人）	硕博学位R&D人员比例 （%）	女性R&D人员比例 （%）
北　京	77255	69.2	42.2
天　津	23396	69.0	40.3
河　北	23347	58.3	51.0
山　西	14097	65.1	47.5
内蒙古	7788	59.6	37.6
辽　宁	35453	66.8	42.4
吉　林	31160	65.2	47.9
黑龙江	26074	62.8	42.1
上　海	40381	64.0	34.1
江　苏	56691	68.5	38.8
浙　江	38290	66.6	40.0
安　徽	25609	64.1	32.1
福　建	18170	63.9	36.8
江　西	12688	58.4	35.2
山　东	41083	62.9	40.3
河　南	20725	61.9	44.5
湖　北	32762	66.5	35.2
湖　南	30973	55.5	36.3
广　东	47540	61.4	38.1
广　西	19580	62.9	36.0
海　南	2943	64.7	42.0
重　庆	17257	67.4	36.0
四　川	45226	57.4	42.5
贵　州	12056	57.5	44.4
云　南	15233	58.4	46.2

续表

地区	R&D人员（人）	硕博学位R&D人员比例（%）	女性R&D人员比例（%）
西　藏	1560	58.8	31.9
陕　西	23269	63.9	33.3
甘　肃	7997	60.7	36.3
青　海	1235	58.4	38.9
宁　夏	3002	57.6	38.7
新　疆	9954	59.0	47.5

表4-5　分地区普通高校R&D人员全时当量（2014年）

地区	R&D人员全时当量（人年）	基础研究人员占比（%）	应用研究人员占比（%）	试验发展人员占比（%）	研究人员占R&D人员的比例（%）
北　京	33557	38.9	58.6	2.5	83.2
天　津	11159	40.8	54.6	4.6	83.6
河　北	9055	45.0	52.1	2.9	87.7
山　西	5869	50.0	46.0	4.0	80.5
内蒙古	4280	34.0	45.9	20.1	84.5
辽　宁	16730	45.2	49.6	5.3	90.7
吉　林	13869	47.9	49.5	2.6	84.3
黑龙江	14701	58.4	39.3	2.4	84.5
上　海	22198	46.6	43.5	9.8	81.6
江　苏	23082	46.1	46.2	7.7	89.8
浙　江	14074	46.0	49.6	4.4	86.8
安　徽	12343	46.4	47.3	6.4	79.9
福　建	7558	30.7	65.7	3.6	81.7
江　西	5390	49.7	42.4	7.9	81.0

续表

地区	R&D人员全时当量（人年）	基础研究人员占比（%）	应用研究人员占比（%）	试验发展人员占比（%）	研究人员占R&D人员的比例（%）
山　东	20852	45.8	45.9	8.3	86.0
河　南	6578	46.1	43.2	10.7	83.2
湖　北	15410	35.2	57.4	7.4	84.7
湖　南	13538	44.8	49.7	5.5	83.3
广　东	20906	51.0	43.4	5.5	77.7
广　西	8688	57.2	41.0	1.8	82.0
海　南	946	62.2	33.4	4.4	88.3
重　庆	6912	46.0	48.2	5.8	86.9
四　川	16461	48.1	44.8	7.2	83.8
贵　州	4373	58.1	39.2	2.7	92.0
云　南	5904	55.5	41.1	3.3	83.4
西　藏	541	62.2	34.1	3.7	75.6
陕　西	10867	52.0	38.4	9.6	86.8
甘　肃	3357	40.8	55.7	3.5	82.4
青　海	610	52.9	43.6	3.5	80.4
宁　夏	1485	62.4	36.4	1.2	76.8
新　疆	3503	54.0	43.7	2.2	89.5

表4-6　分地区普通高校R&D经费内部支出及结构（2014年）

地区	R&D经费内部支出（亿元）	R&D人员人均经费（万元/人）	基础研究在R&D经费内部支出中占比（%）	应用研究在R&D经费内部支出中占比（%）	试验发展在R&D经费内部支出中占比（%）
北　京	145.7	18.9	37.5	57.4	5.0
天　津	57.1	24.4	23.7	67.7	8.6

续表

地区	R&D经费内部支出（亿元）	R&D人员人均经费（万元/人）	基础研究在R&D经费内部支出中占比（%）	应用研究在R&D经费内部支出中占比（%）	试验发展在R&D经费内部支出中占比（%）
河　北	11.2	4.8	41.5	55.2	3.3
山　西	10.7	7.6	46.1	49.4	4.5
内蒙古	4.1	5.3	25.7	50.1	24.2
辽　宁	42.3	11.9	32.1	58.4	9.5
吉　林	21.5	6.9	47.5	47.2	5.3
黑龙江	35.0	13.4	27.1	69.3	3.6
上　海	71.6	17.7	35.2	49.4	15.5
江　苏	88.4	15.6	41.5	46.7	11.8
浙　江	49.8	13.0	37.9	57.2	4.9
安　徽	26.6	10.4	47.7	40.6	11.7
福　建	11.4	6.3	29.7	64.6	5.7
江　西	10.1	8.0	40.3	43.8	15.9
山　东	33.1	8.1	36.1	45.9	17.9
河　南	17.0	8.2	37.7	46.1	16.2
湖　北	47.0	14.3	26.0	55.4	18.6
湖　南	26.9	8.7	37.9	56.3	5.8
广　东	49.8	10.5	47.6	43.8	8.6
广　西	9.3	4.7	57.0	40.8	2.1
海　南	1.6	5.4	49.4	44.2	6.5
重　庆	16.8	9.7	34.6	56.0	9.5
四　川	43.9	9.7	34.0	41.3	24.7
贵　州	6.1	5.1	44.3	51.4	4.3
云　南	8.7	5.7	35.9	56.7	7.4
西　藏	0.4	2.6	53.0	42.0	4.9
陕　西	38.1	16.4	32.7	52.1	15.1

续表

地区	R&D经费内部支出（亿元）	R&D人员人均经费（万元/人）	基础研究在R&D经费内部支出中占比（%）	应用研究在R&D经费内部支出中占比（%）	试验发展在R&D经费内部支出中占比（%）
甘　肃	7.3	9.1	36.2	60.7	3.2
青　海	1.2	9.7	40.6	43.1	16.3
宁　夏	2.1	7.0	43.3	52.1	4.6
新　疆	3.3	3.3	53.3	43.9	2.8

表4-7　分地区普通高校R&D经费来源结构（2014年）

（单位：%）

地区	政府资金比例	企业资金比例	国外资金比例	其他资金比例
北　京	66.9	29.4	1.9	1.9
天　津	50.3	43.7	0.7	5.3
河　北	60.1	29.9	0	9.9
山　西	65.3	22.3	0.1	12.3
内蒙古	78.1	18.6	0	3.3
辽　宁	46.2	47.9	0.3	5.6
吉　林	79.1	16.8	0.3	3.8
黑龙江	49.6	48.1	0.1	2.1
上　海	59.4	36.1	0.7	3.9
江　苏	54.2	38.4	0.4	7.0
浙　江	59.0	35.5	0.5	5.0
安　徽	66.1	19.1	0.1	14.8
福　建	69.6	21.1	0.1	9.3
江　西	67.8	21.6	0	10.6
山　东	60.8	32.6	0.8	5.8
河　南	63.8	20.3	0	15.9

续表

地区	政府资金比例	企业资金比例	国外资金比例	其他资金比例
湖　北	60.4	34.9	0.5	4.2
湖　南	65.5	24.0	0.1	10.5
广　东	63.8	27.7	0.3	8.1
广　西	74.4	17.8	0.2	7.6
海　南	83.5	6.0	0.2	10.4
重　庆	48.5	39.0	0.4	12.1
四　川	46.2	48.2	0.2	5.4
贵　州	75.5	16.6	0.1	7.9
云　南	57.5	18.5	0.4	23.6
西　藏	80.0	5.1	0	14.9
陕　西	56.8	40.0	0.2	3.0
甘　肃	61.2	26.9	0.4	11.5
青　海	85.0	10.6	0	4.4
宁　夏	86.5	4.6	0	8.8
新　疆	90.8	4.9	0.5	3.8

表4-8　分地区普通高校R&D课题（2014年）

地区	R&D课题经费（亿元）	平均每项课题经费（万元）
北　京	118.9	14.3
天　津	45.1	22.3
河　北	7.5	4.0
山　西	5.7	6.2
内蒙古	3.7	12.1
辽　宁	33.7	10.4
吉　林	19.0	17.2

续表

地区	R&D课题经费（亿元）	平均每项课题经费（万元）
黑龙江	31.9	11.1
上　海	56.0	11.2
江　苏	61.5	8.0
浙　江	37.2	6.4
安　徽	17.7	4.6
福　建	9.5	4.8
江　西	8.8	7.5
山　东	25.0	6.9
河　南	15.0	9.5
湖　北	39.4	5.6
湖　南	18.9	6.6
广　东	34.9	3.4
广　西	5.8	4.2
海　南	1.4	7.8
重　庆	14.3	8.5
四　川	35.3	3.9
贵　州	5.0	6.0
云　南	7.5	3.9
西　藏	0.3	9.0
陕　西	31.6	6.8
甘　肃	6.0	8.7
青　海	1.1	3.7
宁　夏	1.3	3.9
新　疆	2.8	9.0

表4-9　按学校规格、隶属分普通高校R&D人员全时当量占比（2005—2014年）

（单位：%）

院校类型		2005年	2006年	2007年	2008年	2009年	2010年	2011年	2012年	2013年	2014年
按学校规格分	“211工程”院校及省部共建高校	41.3	47.6	47.3	47.0	47.2	45.8	44.5	42.9	42.8	43.1
	其他本科高校	56.6	50.4	50.9	50.9	49.9	51.4	52.7	54.0	54.3	53.5
	高等专科学校	2.1	1.9	1.8	2.1	3.0	2.8	2.7	3.0	2.9	3.4
按学校隶属分	部委院校	5.9	5.8	5.8	5.4	5.3	5.7	5.4	5.6	5.4	5.2
	教育部直属院校	35.8	34.0	33.3	33.3	34.2	33.0	32.9	30.5	30.7	31.4
	地方院校	58.4	60.2	60.9	61.3	60.4	61.3	61.7	63.9	63.9	63.4

注：仅包括设有理、工、农、医类教学专业的高校。

表4-10　按学校规格、隶属与类型分普通高校科技经费来源结构（2014年）

（单位：%）

院校类型		政府资金比例	企事业单位委托比例	其他来源比例
按学校规格分	“211工程”院校及省部共建高等学校	59.7	36.2	4.1
	其他本科高等学校	58.1	29.3	12.7
	高等专科学校	52.1	27.7	20.2
按学校隶属分	部委院校	54.4	41.2	4.4
	教育部直属院校	60.9	35.5	3.6
	地方院校	58.5	29.6	11.9
按学校类型分	综合大学	65.0	28.8	6.1
	工科院校	49.4	44.8	5.8
	农林院校	78.5	15.9	5.5
	医药院校	81.0	5.1	13.9
	师范院校	67.7	16.1	16.2
	其他	68.9	17.0	14.1

注：仅包括设有理、工、农、医类教学专业的高校。

表4-11　按学校规格、隶属与类型分普通高校科技经费支出结构（2014年）

（单位：%）

院校类型		基础研究比例	应用研究比例	试验发展比例
按学校规格分	“211工程”院校及省部共建高等学校	36.4	51.8	11.8
	其他本科高等学校	32.8	55.2	12.0
	高等专科学校	11.5	69.0	19.5
按学校隶属分	部委院校	25.4	66.1	8.5
	教育部直属院校	38.1	49.0	12.9
	地方院校	34.8	53.5	11.7
按学校类型分	综合大学	44.3	44.9	10.8
	工科院校	27.0	59.1	13.8
	农林院校	35.5	55.2	9.2
	医药院校	53.9	40.2	5.9
	师范院校	48.2	43.6	8.2
	其他	32.3	62.6	5.1

注：仅包括设有理、工、农、医类教学专业的高校。

表4-12　部分国家高校R&D人员全时当量

国家	R&D人员全时当量（万人年）	R&D人员全时当量占本国R&D人员的比重（%）	研究人员占R&D人员全时当量的比重（%）
中　国	32.5	9.2	83.9
日　本	20.8	24.0	65.7
英　国	17.3	47.9	88.6
德　国	13.2	21.8	76.3
俄罗斯	11.9	14.4	74.9
法　国	11.2	26.7	65.9
韩　国	7.7	19.5	56.8

续表

国家	R&D人员全时当量（万人年）	R&D人员全时当量占本国R&D人员的比重（%）	研究人员占R&D人员全时当量的比重（%）
加拿大	7.1	31.8	80.6
荷　兰	3.2	26.6	65.7
瑞　士	2.7	35.7	69.6
瑞　典	2.1	26.2	77.5

注：韩国、加拿大、瑞士为2012年数据，其他国家均为2013年数据。

表4-13　部分国家高校R&D经费及占本国R&D经费比重

国家	R&D经费（亿美元）	R&D经费占本国R&D经费的比重（%）
美　国	627.2	13.8
日　本	230.1	13.5
德　国	191.6	17.5
中　国	138.3	7.2
法　国	129.9	20.7
加拿大	118.8	39.8
英　国	114.5	26.3
意大利	75.7	28.2
荷　兰	53.8	31.8
瑞　典	51.9	27.1
韩　国	50.1	9.2
俄罗斯	21.2	9.0

注：美国为2012年数据，其他国家均为2013年数据。

表4-14　部分国家高校按活动类型分R&D经费占比

（单位：%）

国家	基础研究占比	应用研究占比	试验发展占比
中　国	35.9	51.5	12.6
美　国	63.8	26.9	9.2
英　国	33.3	52.0	14.7
俄罗斯	28.2	47.4	24.4
韩　国	39.9	30.8	29.2
意大利	56.0	33.8	10.2
日　本	38.5	24.7	6.5
法　国	82.9	14.1	3.1

注：美国、英国、意大利、法国为2012年数据，其他国家为2013年数据。

表4-15　部分国家高校R&D经费占GDP比例（2005—2013年）

（单位：%）

国家	2005年	2006年	2007年	2008年	2009年	2010年	2011年	2012年	2013年
英　国	0.42	0.43	0.44	0.45	0.49	0.46	0.44	0.44	0.43
美　国	0.36	0.35	0.35	0.37	0.40	0.40	0.40	0.39	—
法　国	0.38	0.39	0.39	0.41	0.46	0.47	0.46	0.47	0.46
德　国	0.40	0.40	0.39	0.43	0.48	0.49	0.50	0.51	0.51
日　本	0.44	0.43	0.44	0.40	0.45	0.42	0.45	0.45	0.47
韩　国	0.26	0.28	0.32	0.35	0.37	0.38	0.38	0.38	0.38
俄罗斯	0.06	0.07	0.07	0.07	0.09	0.09	0.10	0.10	0.10
中　国	0.13	0.12	0.12	0.12	0.13	0.15	0.15	0.15	0.15

五、科技成果及转化

监测结果显示，2014年我国普通高校发表科技论文32.1万篇，占全国发表科技论文总数的64.4%。发表SCI论文18.7万篇，占全国发表SCI论文总数的75.1%。2014年，我国普通高校申请专利18.4万件，占全国专利申请总数的8.3%；专利授权9.2万件，占全国专利授权总数的7.6%。其中，有60.9%为发明专利申请，占全国发明专利申请数的14.0%；有41.4%为发明专利授权，占全国发明专利授权数的23.6%。普通高校签订技术转让合同5.4万件，占全国技术转让合同的18.3%；技术转让金额315.1亿元，占全国技术转让金额的3.7%。专利所有权转让及许可2293项，专利所有权转让及许可收入5.4亿元。普通高校承担企业委托项目17.0万项，参与项目人员为6.4万人年，项目经费为245.5亿元。

表5-1　普通高校创新成果及转化情况（2005—2014年）

指标	2005年	2006年	2007年	2008年	2009年	2010年	2011年	2012年	2013年	2014年
4.1 科技论文数量（万篇）	23.5	24.3	30.6	31.8	34.1	34.3	33.6	33.7	33.1	32.1
4.2 科技论文数量占全国的比例（%）	66.1	60.1	66.0	67.3	65.3	64.6	63.4	64.4	64.0	64.4
4.3 SCI论文数量（万篇）	4.9	5.7	6.4	7.8	9.0	10.1	11.3	13.1	16.9	18.7
4.4 SCI论文数量占全国的比例（%）	78.3	80.3	80.8	81.8	82.5	82.9	83.2	82.8	83.7	75.1
4.5 专利申请数量（万件）	2.0	2.3	3.3	4.5	6.2	7.9	11.0	13.3	16.8	18.4

续表

指标	2005年	2006年	2007年	2008年	2009年	2010年	2011年	2012年	2013年	2014年
4.6 专利申请数量占全国的比例（%）	5.2	4.9	5.6	6.3	7.0	7.2	7.3	6.9	7.5	8.3
4.7 发明专利申请数量占全国的比例（%）	15.7	14.2	15.0	15.8	16.6	16.5	15.2	14.1	14.0	14.0
4.8 发明专利申请数量占专利申请数的比例（%）	73.5	75.4	70.4	68.2	61.7	60.9	57.2	57.1	58.8	60.9
4.9 专利授权数量（万件）	0.7	1.0	1.5	1.9	2.8	4.3	5.6	7.7	8.5	9.2
4.10 专利授权数量占全国的比例（%）	4.3	4.7	4.9	5.4	5.6	5.8	6.4	6.6	6.9	7.6
4.11 发明专利授权数量占全国的比例（%）	21.5	24.7	25.7	22.0	22.0	23.9	23.7	23.5	23.2	23.6
4.12 发明专利授权数量占专利授权的比例（%）	60.2	59.3	55.6	53.6	51.5	44.1	47.1	43.8	39.2	41.4
4.13 技术转让合同数量（万项）	—	2.2	2.8	3.0	3.3	4.2	5.0	5.8	6.4	5.4
4.14 技术转让合同数量占全国的比例（%）	—	10.8	12.5	13.3	15.3	18.4	19.4	20.5	21.8	18.3
4.15 技术转让金额数量（亿元）	—	76.0	103.0	118.3	135.1	196.7	248.8	294.0	329.5	315.1
4.16 技术转让金额占全国的比例（%）	—	4.2	4.6	4.4	4.4	5.0	5.2	4.6	4.4	3.7
4.17 专利所有权转让及许可数量（项）	—	—	—	—	1602	1810	2203	2380	2344	2293
4.18 专利所有权转让及许可收入（亿元）	—	—	—	—	5.7	3.6	4.7	4.4	4.4	5.4
4.19 企业委托R&D课题数（万项）	—	—	—	—	10.5	12.3	13.9	14.9	15.8	17.0
4.20 企业委托R&D课题经费（亿元）	—	—	—	—	131.8	157.4	247.7	208.4	230.1	245.5
4.21 参与企业委托R&D课题人员数量（万人年）	—	—	—	—	5.6	5.6	5.9	6.1	6.1	6.4

表5-2 分地区普通高校科技创新产出（2014年）

地区	发表科技论文数（篇）	专利申请数（件）	有效发明专利数（件）	形成国家或行业标准数（项）	专利所有权转让与许可数（件）	专利所有权转让与许可收入（万元）
北　京	115143	11503	29344	100	198	13991
天　津	28769	5281	5023	0	90	1358
河　北	29222	1750	1090	3	71	1667
山　西	14648	1021	1594	4	21	450
内蒙古	13123	325	238	1	0	0
辽　宁	49885	6475	5782	13	63	528
吉　林	27489	2550	2244	0	20	292
黑龙江	38081	7018	6686	2	101	814
上　海	74108	9503	14234	0	139	2707
江　苏	109495	26291	19653	122	479	13297
浙　江	39632	12488	13222	6	112	1335
安　徽	38440	6609	2712	3	160	1551
福　建	19566	3153	3400	13	42	1361
江　西	25021	1743	1050	0	21	287
山　东	54839	9123	6401	5	80	916
河　南	46659	4000	2858	4	33	1681
湖　北	72728	7117	6782	3	125	845
湖　南	46555	4357	4395	14	56	1090
广　东	59360	6819	7884	20	73	5301
广　西	24732	3842	1487	3	24	32
海　南	4924	157	91	1	0	0
重　庆	31641	2777	3832	23	52	301
四　川	58965	5077	4997	2	158	1940
贵　州	15089	906	507	0	9	142
云　南	22743	1704	1460	0	7	257
西　藏	1185	7	3	0	0	0

续表

地区	发表科技论文数（篇）	专利申请数（件）	有效发明专利数（件）	形成国家或行业标准数（项）	专利所有权转让与许可数（件）	专利所有权转让与许可收入（万元）
陕　西	50399	6848	9554	5	149	1834
甘　肃	18026	1058	998	5	7	88
青　海	2011	42	33	14	0	0
宁　夏	6056	85	91	0	0	0
新　疆	13613	332	326	0	3	58

表5-3　不同规格、隶属与类型学校在普通高校科技成果中的占比（2014年）

（单位：%）

院校分类		合计发表学术论文	发表国外论文	专利申请	发明专利申请	专利授权	发明专利授权
按学校规格分	“211工程”院校及省部共建高等学校	47.4	65.9	48.6	60.9	47.5	66.1
	其他本科高等学校	47.8	33.5	44.6	36.7	45.5	32.9
	高等专科学校	4.8	0.6	6.9	2.4	7.0	1.0
按学校隶属分	部委院校	6.1	8.8	7.5	9.9	6.4	10.7
	教育部直属院校	34.7	49.3	33.7	41.7	34.7	47.7
	地方院校	59.2	41.9	58.8	48.4	58.9	41.6
按学校类型分	综合大学	30.7	40.7	29.0	32.2	27.5	31.7
	工科院校	38.7	38.4	54.2	54.6	55.0	54.7
	农林院校	6.8	4.7	6.5	5.5	7.2	6.2
	医药院校	15.0	7.7	2.6	2.3	2.9	2.7
	师范院校	7.2	7.4	6.1	4.3	5.7	3.8
	其他	1.6	1.0	1.7	1.0	1.6	0.8

注：仅包括设有理、工、农、医类教学专业的高校。

表5-4　不同规格、隶属与类型学校在普通高校技术成果转让中的占比（2014年）

（单位：%）

院校分类		专利出售合同数	专利出售合同金额	专利出售当年实际收入	技术转让合同数	技术转让合同金额	技术转让当年实际收入
按学校层次分	“211工程”院校及省部共建高等学校	53.7	65.4	57.5	53.2	69.3	66.9
	其他本科高等学校	44.5	34.4	42.2	46.2	30.6	32.9
	高等专科学校	1.7	0.2	0.2	0.7	0.2	0.3
按隶属部门分	部委院校	8.9	15.8	15.0	7.1	6.7	6.8
	教育部直属院校	35.7	44.1	37.4	40.5	55.8	52.5
	地方院校	55.4	40.1	47.6	52.5	37.6	40.6
按办学类型分	综合大学	31.0	24.1	21.4	27.7	25.0	21.8
	工科院校	53.3	57.3	57.9	52.0	59.7	62.6
	农林院校	5.6	5.6	7.1	12.5	8.2	9.1
	医药院校	0.9	8.4	8.7	1.8	4.0	3.0
	师范院校	8.0	4.0	4.7	4.8	2.6	3.0
	其他	1.2	0.6	0.2	1.2	0.4	0.5

注：仅包括设有理、工、农、医类教学专业的高校。

六、产学研合作

监测结果显示，截至2015年1762所普通高校与企业累计联合共建博士后工作站2276个，校内实习实训基地27714个，校外实习实训基地189576个，科研机构10191个。这些高校累计开设创新创业课程17038门，在校生创新创业项目83955个，获得国家级创新创业大赛奖项30824项。学校与很多企业建立了稳定的合作关系，其中347所学校有30%以下的学生可到稳定合作企业实习，382所学校有30%～50%的学生可到稳定合作企业实习，494所学校有50%～80%的学生可到稳定合作企业实习，536所学校有80%以上的学生可到稳定合作企业实习。2015年，这些高校共有外聘教师27.1万人，其中来自企业行业的外聘教师14.8万人，去企业实践的教师7.2万人。2015年，学校共承接企业员工培训563.8万人次，参与企业技术咨询服务的教师13.4万人。

2015年，这些高校校企共同承担科研项目8.8万项，合同金额303.6亿元，当年实际收入227.5亿元。高校与所在省份的企业合作开展项目5.9万项，合同金额186.1亿元，当年实际收入128.6亿元，与其他省份企业合作项目3.1万项，合同金额149.4亿元，当年实际收入95.1亿元。

截至2015年，有573所高校建立了专门的技术成果转化与扩散机构，312所高校建立了专门的技术成果转化与扩散网站。

2015年，来自校企合作项目的发明专利申请23776项，授权12434项。专利许可实施3844项，转让实施2729项，技术入股实施543项，与其他单位或个人共同实施2909项，自行实施10914项，转让著作权2012项，签订技术转让合同11172项，合同金额

34.8亿元，当年实际收入20.5亿元。其中，与所在省份签订技术合同8022项，合同金额29.6亿元，当年实际收入18.9亿元，以知识产权投资形式注册企业272家，股权作价10.1亿元。

（一）部门负责人调查

2015年高校创新调查中的部门负责人调查主要侧重学校总体数据采集，考察高校通过人才培养与服务、产学研合作研究及科研成果转化与扩散等途径，支持和推动企业创新的力度与效果。调查对象主要涉及科研、人事、就业、产学研合作方面的部门负责人，共有1762所普通高校的机构负责人接受了调查，具体信息见附录1。

1. 不同类型高校产学研合作创新情况

表6-1-1　不同类型学校校企合作共建基地、机构情况（截至2015年）

（单位：个）

学校类型	5.1 校企联合共建博士后工作站	5.2 校企联合共建校内实习实训基地	5.3 校企联合共建校外实习实训基地	5.4 校企联合共建科研机构
综合大学	578	7231	54406	3314
理工院校	1294	13068	81374	4699
农业院校	198	1398	11148	409
林业院校	12	95	1206	62
医药院校	75	443	7082	244
师范院校	64	1813	11577	709
语文院校	10	375	2692	40
财经院校	43	2504	15340	453
政法院校	0	145	1141	66
体育院校	1	62	593	16
艺术院校	1	493	2423	124
民族院校	0	87	594	55
总计	2276	27714	189576	10191

表6-1-2　不同类型学校创新创业课程、项目及获奖情况（截至2015年）

学校类型	5.5 创新创业课程（门）	5.6 在校生创新创业项目（个）	5.7 国家级创新创业大赛奖项（项）
综合大学	4435	19109	3754
理工院校	7977	31324	19016
农业院校	751	3865	781
林业院校	106	314	75
医药院校	665	5500	274
师范院校	1308	10019	5367
语文院校	225	1748	70
财经院校	1097	7956	626
政法院校	64	940	40
体育院校	34	177	8
艺术院校	259	1979	221
民族院校	117	1024	592
总计	17038	83955	30824

表6-1-3　不同类型学校学生到稳定合作企业实习的情况（2015年）

（单位：所）

学校类型	5.8 一定比例学生到稳定合作企业实习的学校数			
	比例在30%以下	比例在30%～50%	比例在50%～80%	比例在80% 以上
综合大学	71	93	135	122
理工院校	61	130	201	235
农业院校	4	10	16	28
林业院校	4	3	2	3
医药院校	54	16	14	52
师范院校	43	47	39	33

续表

学校类型	5.8 一定比例学生到稳定合作企业实习的学校数			
	比例在30%以下	比例在30%～50%	比例在50%～80%	比例在80% 以上
语文院校	14	5	11	5
财经院校	35	52	45	39
政法院校	27	5	5	6
体育院校	9	6	5	2
艺术院校	22	13	16	8
民族院校	3	2	5	3
总计	347	382	494	536

表6-1-4　不同类型学校教师外聘及培训情况（2015年）

学校类型	5.9 外聘教师（人）	5.10 来自企业行业的外聘教师（人）	5.11 境外外聘教师（人）	5.12 教师去企业实践（人）	5.13 承接企业员工培训（人次）	5.14 参与企业技术咨询服务的教师（人）
综合大学	73850	37963	4283	22870	1546844	34046
理工院校	99434	57902	5358	31076	2941203	72154
农业院校	8650	5100	353	2619	139436	7079
林业院校	1905	779	81	511	95548	2031
医药院校	32620	22273	533	2225	126371	2486
师范院校	17563	5430	957	3736	213068	6101
语文院校	4452	1441	746	718	14104	485
财经院校	22563	11953	829	5126	481005	6759
政法院校	2198	1416	39	581	40220	591
体育院校	1039	465	27	178	10860	200
艺术院校	6051	2543	159	1692	21033	1360
民族院校	1159	253	97	458	7875	662
总计	271484	147518	13462	71790	5637567	133954

表6-1-5　不同类型学校校企合作开展科研项目情况（2015年）

学校类型	5.15 校企联合申报项目			5.16 所在省份企业的合作项目			5.17 其他省份企业的合作项目		
	项目数量（个）	合同金额（亿元）	当年实际收入（亿元）	合作项目量（个）	合同金额（亿元）	当年实际收入（亿元）	合作项目（个）	合同金额（亿元）	当年实际收入（亿元）
综合大学	26290	118.43	82.30	17768	62.24	34.87	8468	37.85	23.60
理工院校	49224	159.61	129.67	30580	102.27	79.19	18380	100.43	64.66
农业院校	4664	10.15	5.94	3069	8.97	5.68	2014	5.09	3.52
林业院校	855	1.17	0.80	645	0.90	0.68	306	0.42	0.34
医药院校	1455	5.65	3.37	907	3.20	2.26	502	2.87	1.38
师范院校	3068	4.50	3.06	2922	4.28	2.85	614	1.64	0.99
语文院校	150	0.19	0.09	111	0.09	0.06	21	0.02	0.01
财经院校	2197	3.00	2.02	2386	3.14	2.52	642	0.62	0.31
政法院校	59	0.13	0.02	130	0.27	0.20	62	0.10	0.07
体育院校	25	0.02	0.01	33	0.09	0.06	31	0.02	0
艺术院校	183	0.50	0.14	206	0.52	0.17	62	0.21	0.14
民族院校	72	0.20	0.12	102	0.08	0.06	31	0.16	0.10
总计	88242	303.57	227.54	58859	186.07	128.62	31133	149.42	95.13

表6-1-6　不同类型学校已设立成果转化与扩散平台情况（2015年）

（单位：个）

学校类型	5.18 专门的技术成果转化与扩散机构	5.19 专门的技术成果转化与扩散网站
综合大学	155	77
理工院校	230	146
农业院校	30	19
林业院校	4	2
医药院校	47	24

续表

学校类型	5.18 专门的技术成果转化与扩散机构	5.19 专门的技术成果转化与扩散网站
师范院校	46	25
语文院校	5	1
财经院校	33	11
政法院校	7	1
体育院校	4	1
艺术院校	7	3
民族院校	5	2
总计	573	312

表6-1-7　不同类型学校校企合作创新成果情况（2015年）

（单位：项）

学校类型	5.20 来自校企合作项目的发明专利申请	5.21 来自校企合作项目的发明专利授权
综合大学	5760	2811
理工院校	15949	8408
农业院校	791	488
林业院校	99	122
医药院校	280	147
师范院校	471	229
语文院校	10	2
财经院校	355	192
政法院校	6	2
体育院校	6	11
艺术院校	39	17
民族院校	10	5
总计	23776	12434

表6-1-8　不同类型学校转让著作权及专利实施情况（2015年）

（单位：项）

学校类型	5.22 转让著作权	5.23 专利实施				
		转让实施专利	许可实施专利	技术入股实施专利	与其他单位或个人共同实施专利	自行实施专利
综合大学	128	710	551	80	792	1507
理工院校	872	1424	2290	298	1770	7574
农业院校	90	342	773	101	162	775
林业院校	0	30	12	17	13	60
医药院校	280	62	40	10	37	344
师范院校	586	93	118	27	35	270
语文院校	0	0	0	0	10	52
财经院校	37	24	42	3	42	194
政法院校	1	3	8	0	3	7
体育院校	0	0	5	2	11	18
艺术院校	17	38	3	0	32	98
民族院校	1	3	2	5	2	15
总计	2012	2729	3844	543	2909	10914

表6-1-9　不同类型学校技术转让情况（2015年）

学校类型	5.24 技术转让			所在省份的技术转让			5.25 以知识产权投资形式注册企业（家）	5.26 以知识产权投资形式注册企业股权作价（亿元）
	合同数量（个）	合同金额（亿元）	当年实际收入（亿元）	合同数量（个）	合同金额（亿元）	当年实际收入（亿元）		
综合大学	3013	9.63	3.54	2394	16.59	10.49	47	3.61
理工院校	6166	17.97	12.65	4009	9.56	5.81	128	4.93
农业院校	929	3.09	1.75	413	1.6	0.95	62	0.77
林业院校	108	0.09	0.08	60	0.04	0.04	2	0.08

续表

学校类型	5.24 技术转让			所在省份的技术转让			5.25 以知识产权投资形式注册企业（家）	5.26 以知识产权投资形式注册企业股权作价（亿元）
	合同数量（个）	合同金额（亿元）	当年实际收入（亿元）	合同数量（个）	合同金额（亿元）	当年实际收入（亿元）		
医药院校	548	2.84	1.72	297	1.05	1.02	10	0.57
师范院校	290	0.68	0.38	748	0.43	0.31	22	0.15
语文院校	0	0	0	0	0	0	0	0.00
财经院校	77	0.17	0.24	66	0.08	0.16	0	0.00
政法院校	4	0.04	0.04	1	0	0	0	0.00
体育院校	0	0	0	0	0	0	0	0.00
艺术院校	35	0.25	0.06	33	0.26	0.07	1	0.01
民族院校	2	0.01	0.01	1	0.01	0.01	0	0.00
总计	11172	34.78	20.48	8022	29.62	18.87	272	10.12

2. 不同规格高校产学研合作创新情况

表6-1-10　不同规格学校校企联合共建机构、基地情况（截至2015年）

（单位：个）

学校规格	5.1 校企联合共建博士后工作站	5.2 校企联合共建校内实习实训基地	5.3 校企联合共建校外实习实训基地	5.4 校企联合共建科研机构
本科	2262	9251	87759	7755
其中： 独立学院	0	810	11777	313
高职专科	14	18463	101817	2436
总计	2276	27714	189576	10191

表6-1-11　不同规格学校创新创业课程、项目及获奖情况（截至2015年）

学校规格	5.5 创新创业课程（门）	5.6 在校生创新创业项目（个）	5.7 国家级创新创业大赛奖项（项）
本科	13527	70506	29816
其中： 独立学院	1028	5061	963
高职专科	3511	13449	1008
总计	17038	83955	30824

表6-1-12　不同规格学校学生到稳定合作企业实习的情况（2015年）

（单位：所）

学校规格	5.8一定比例学生到稳定合作企业实习学校数			
	比例在30%以下	比例在30%～50%	比例在50%～80%	比例在80% 以上
本科	256	229	226	195
其中： 独立学院	49	45	33	33
高职专科	91	153	268	341
总计	347	382	494	536

表6-1-13　不同规格学校教师外聘及培训情况（2015年）

学校规格	5.9 外聘教师（人）	5.10 来自企业行业的外聘教师（人）	5.11 境外外聘教师（人）	5.12 教师去企业实践（人）	5.13 承接企业员工培训（人次）	5.14 参与企业技术咨询服务的教师（人）
本科	153004	58292	12229	26960	964102	76079
其中： 独立学院	27376	5456	507	3180	77536	2454
高职专科	118480	89226	1233	44830	4673465	57875
总计	271484	147518	13462	71790	5637567	133954

表6-1-14 不同规格学校校企合作开展科研项目情况（2015年）

学校规格	5.15 校企联合申报项目			5.16 所在省份企业的合作项目数			5.17 其他省份企业的合作项目数		
	项目数量（个）	合同金额（亿元）	当年实际收入（亿元）	项目数量（个）	合同金额（亿元）	当年实际收入（亿元）	项目数量（个）	合同金额（亿元）	当年实际收入（亿元）
本科	81632	297.52	212.59	51638	180.07	124.53	30046	148.51	94.48
其中：独立学院	1168	18.02	12.17	976	1.84	1.15	194	0.26	0.17
高职专科	6610	6.05	14.95	7221	5.99	4.08	1087	0.91	0.65
总计	88242	303.57	227.54	58859	186.07	128.62	31133	149.42	95.13

表6-1-15 不同规格学校已设立成果转化与扩散平台情况（2015年）

（单位：个）

学校规格	5.18 专门的技术成果转化与扩散机构	5.19 专门的技术成果转化与扩散网站
本科	380	227
其中：独立学院	26	4
高职专科	193	85
总计	573	312

表6-1-16 不同规格学校校企合作创新成果情况（2015年）

（单位：项）

学校规格	5.20 来自校企合作项目的发明申请专利	5.21 来自校企合作项目的发明授权专利
本科	22212	11732
其中：独立学院	204	120
高职专科	1564	702
总计	23776	12434

表6-1-17　不同规格学校转让著作权及专利实施情况（2015年）

（单位：项）

学校规格	5.22转让著作权	5.23 专利实施				
		转让实施专利	许可实施专利	技术入股实施专利	与其他单位或个人共同实施专利	自行实施专利
本科	1706	2445	3651	512	2489	8488
其中：独立学院	34	29	56	8	45	189
高职专科	306	284	193	31	420	2426
总计	2012	2729	3844	543	2909	10914

表6-1-18　不同规格学校技术转让情况（2015年）

学校规格	5.24 技术转让			所在省份的技术转让			5.25 以知识产权投资形式注册企业（家）	5.26 以知识产权投资形式注册企业股权作价（亿元）
	合同数量（个）	合同金额（亿元）	当年实际收入（亿元）	合同数量（个）	合同金额（亿元）	当年实际收入（亿元）		
本科	10546	34.04	19.89	7443	28.94	18.16	262	9.79
其中：独立学院	65	0.09	0.07	147	0.09	0.07	12	0.03
高职专科	626	0.74	0.59	579	0.68	0.71	10	0.33
总计	11172	34.78	20.48	8022	29.62	18.87	272	10.12

3. 不同隶属高校产学研合作创新情况

表6-1-19　不同隶属学校校企合作共建基地、机构情况（截至2015年）

（单位：个）

学校隶属	5.1 校企联合共建博士后工作站	5.2 校企联合共建校内实习实训基地	5.3 校企联合共建校外实习实训基地	5.4 校企联合共建科研机构
中央	1605	1294	12101	2051

续表

学校隶属	5.1 校企联合共建博士后工作站	5.2 校企联合共建校内实习实训基地	5.3 校企联合共建校外实习实训基地	5.4 校企联合共建科研机构
教育部门	1355	1092	10569	1775
其他部门	250	202	1532	276
地方	669	22388	144953	7366
教育部门	649	14139	98271	5891
其他部门	19	7780	45157	1359
地方企业	1	469	1525	116
民办	2	4032	32522	774
总计	2276	27714	189576	10191

表6-1-20　不同隶属学校创新创业课程、项目及获奖情况（截至2015年）

学校隶属	5.5 创新创业课程（门）	5.6 在校生创新创业项目（个）	5.7 国家级创新创业大赛奖项（项）
中央	4592	11324	12455
教育部门	4066	9951	11416
其他部门	526	1373	1039
地方	9803	60119	16740
教育部门	8240	52390	16192
其他部门	1502	7458	509
地方企业	61	271	39
民办	2643	12512	1629
总计	17038	83955	30824

表6-1-21　不同隶属学校学生到稳定合作企业实习的情况（2015年）

（单位：所）

学校隶属	5.8 一定比例学生到稳定合作企业实习的学校数			
	比例在30%以下	比例在30%～50%	比例在50%～80%	比例在80% 以上
中央	33	23	22	17
教育部门	19	17	14	13
其他部门	14	6	8	4
地方	222	255	356	395
教育部门	161	170	239	234
其他部门	59	81	111	148
地方企业	2	4	6	13
民办	92	104	116	124
总计	347	382	494	536

表6-1-22　不同隶属学校教师外聘及培训情况（2015年）

学校隶属	5.9 外聘教师（人）	5.10 来自企业行业的外聘教师（人）	5.11 境外外聘教师（人）	5.12 教师去企业实践（人）	5.13 承接企业员工培训（人次）	5.14 参与企业技术咨询服务的教师（人）
中央	22053	7034	4869	3695	244826	22699
教育部门	18087	5867	3337	2765	216888	18994
其他部门	3966	1167	1532	930	27938	3705
地方	190689	119851	6832	53285	5046788	102948
教育部门	129613	73246	5813	33830	2473988	64012
其他部门	58526	44391	862	18191	2211349	38020
地方企业	2550	2214	157	1264	361451	916
民办	58742	20633	1761	14810	345953	8307
总计	271484	147518	13462	71790	5637567	133954

表6-1-23　不同隶属学校校企合作开展科研项目情况（2015年）

学校隶属	5.15 校企联合申报项目			5.16 所在省份企业的合作项目			5.17 其他省份的企业合作项目		
	项目数量（个）	合同金额（亿元）	当年实际收入（亿元）	合作项目量（个）	合同金额（亿元）	当年实际收入（亿元）	项目数量（个）	合同金额（亿元）	当年实际收入（亿元）
中央	35409	195.51	130.54	18539	98.38	68.61	18058	113.71	68.53
教育部门	28388	163.89	113.60	16744	86.38	61.37	14605	91.58	56.59
其他部门	7021	31.62	16.94	1795	12.00	7.24	3453	22.13	11.94
地方	50357	104.96	95.02	38179	84.79	58.26	12530	35.06	26.10
教育部门	47010	100.67	81.90	34361	80.76	55.57	12039	34.54	25.75
其他部门	3288	4.23	2.65	3677	3.96	2.66	430	0.49	0.33
地方企业	59	0.05	10.47	141	0.06	0.03	61	0.04	0.02
民办	2476	3.10	1.98	2141	2.90	1.75	545	0.65	0.50
总计	88242	303.57	227.54	58859	186.07	128.62	31133	149.42	95.13

表6-1-24　不同隶属学校设立成果转化与扩散专门机构情况（2015年）

（单位：个）

学校隶属	5.18 专门的技术成果转化与扩散机构	5.19 专门的技术成果转化与扩散网站
中央	56	44
教育部门	40	31
其他部门	16	11
地方	517	268
教育部门	322	197
其他部门	99	46
地方企业	6	0
民办	90	27
总计	573	312

表6-1-25　不同隶属学校校企合作创新成果情况（2015年）

（单位：项）

学校隶属	5.20 来自校企合作项目的发明申请专利	5.21 来自校企合作项目的发明授权专利
中央	10291	5445
教育部门	8087	4359
其他部门	2204	1086
地方	13023	6662
教育部门	12058	6267
其他部门	932	383
地方企业	33	12
民办	462	327
总计	23776	12434

表6-1-26　不同隶属学校转让著作权及专利实施情况（2015年）

（单位：项）

学校隶属	5.22 转让著作权	5.23 专利实施				
		转让实施专利	许可实施专利	技术入股实施专利	与其他单位或个人共同实施专利	自行实施专利
中央	399	804	991	183	1094	2061
教育部门	147	702	916	125	884	1473
其他部门	252	102	75	58	210	588
地方	1556	1871	2775	346	1685	8194
教育部门	1289	1718	2665	314	1470	7094
其他部门	261	152	110	32	205	1044
地方企业	6	1	0	0	10	56
民办	57	54	78	14	130	659
总计	2012	2729	3844	543	2909	10914

表6-1-27 不同隶属学校技术转让情况（2015年）

学校隶属	5.24 技术转让			所在省份内的技术转让			5.25 以知识产权投资形式注册企业（家）	5.26 以知识产权投资形式注册企业股权作价（亿元）
	合同数量（个）	合同金额（亿元）	当年实际收入（亿元）	合同数量（个）	合同金额（亿元）	当年实际收入（亿元）		
中央	2678	16.88	7.49	1566	17.72	10.88	72	3.14
教育部门	2258	13.93	5.74	1415	16.16	10.12	46	1.69
其他部门	420	2.95	1.75	151	1.56	0.77	26	1.45
地方	8367	17.71	12.64	6261	11.74	7.48	179	6.85
教育部门	8094	17.27	12.47	5961	11.30	7.27	172	6.53
其他部门	268	0.44	0.17	297	0.44	0.21	7	0.32
地方企业	5	0	0	3	0	0.00	0	0
民办	127	0.18	0.36	195	0.16	0.50	21	0.14
总计	11172	34.78	20.48	8022	29.62	18.87	272	10.12

4. 不同地区高校产学研合作创新情况

表6-1-28 不同地区学校校企联合共建基地、机构情况（截至2015年）

（单位：个）

地区	5.1 校企联合共建博士后工作站	5.2 校企联合共建校内实习实训基地	5.3 校企联合共建校外实习实训基地	5.4 校企联合共建科研机构
北　京	471	447	6235	415
天　津	43	547	3142	302
河　北	6	1380	8170	233
山　西	6	27	795	27
内蒙古	1	302	1424	7
辽　宁	208	1459	10454	366
吉　林	62	960	5177	150

续表

地区	5.1 校企联合共建博士后工作站	5.2 校企联合共建校内实习实训基地	5.3 校企联合共建校外实习实训基地	5.4 校企联合共建科研机构
黑龙江	44	670	6368	182
上　海	120	238	3092	78
江　苏	366	3803	19665	1699
浙　江	8	1441	17462	1061
安　徽	97	1298	8439	567
福　建	48	643	7494	301
江　西	4	554	4035	124
山　东	153	2263	12134	688
河　南	34	2293	8808	412
湖　北	97	1272	8310	640
湖　南	28	1881	8594	612
广　东	35	1368	17851	874
广　西	4	440	5324	136
海　南	0	360	960	17
重　庆	34	685	5275	183
四　川	212	1441	8179	410
贵　州	7	247	1614	106
云　南	16	347	2865	106
西　藏	0	4	12	2
陕　西	169	894	3507	389
甘　肃	0	25	242	6
青　海	0	34	363	23
宁　夏	1	38	701	17
新　疆	2	353	2885	58
总　计	2276	27714	189576	10191

表6-1-29　不同地区学校累计创新创业课程、项目及获奖情况（截至2015年）

地区	5.5 创新创业课程（门）	5.6 在校生创新项目（个）	5.7 国家级创新创业大赛奖项（项）
北　京	721	5436	2935
天　津	256	1174	75
河　北	298	1843	1203
山　西	47	651	100
内蒙古	27	204	144
辽　宁	920	4177	9717
吉　林	362	3335	562
黑龙江	337	2028	625
上　海	414	1463	855
江　苏	1265	6833	1174
浙　江	2103	5145	1166
安　徽	474	3624	453
福　建	1060	3210	618
江　西	341	1258	333
山　东	776	4146	1533
河　南	439	3881	670
湖　北	843	3975	505
湖　南	453	2965	286
广　东	1690	8874	1301
广　西	283	2122	320
海　南	50	344	8
重　庆	231	2512	912
四　川	2622	6711	4083
贵　州	148	793	44
云　南	245	1827	173

续表

地区	5.5 创新创业课程（门）	5.6 在校生创新项目（个）	5.7 国家级创新创业大赛奖项（项）
西　藏	16	49	4
陕　西	475	4579	789
甘　肃	5	2	0
青　海	30	96	17
宁　夏	38	184	127
新　疆	69	514	92
总　计	17038	83955	30824

表6-1-30　不同地区学校学生到稳定合作企业实习的情况（2015年）

（单位：所）

地区	5.8 一定比例学生到稳定合作企业实习的学校数			
	比例在30%以下	比例在30%～50%	比例在50%～80%	比例在80% 以上
北　京	34	16	20	16
天　津	18	10	3	14
河　北	21	4	30	22
山　西	5	24	4	4
内蒙古	3	19	3	8
辽　宁	11	5	29	32
吉　林	5	16	13	29
黑龙江	9	27	19	25
上　海	9	3	11	4
江　苏	19	10	49	38
浙　江	19	32	28	20
安　徽	18	24	37	29

续表

地区	5.8 一定比例学生到稳定合作企业实习的学校数			
	比例在30%以下	比例在30%～50%	比例在50%～80%	比例在80% 以上
福　建	12	13	15	15
江　西	5	30	9	18
山　东	20	3	24	25
河　南	18	8	28	32
湖　北	9	13	16	28
湖　南	10	15	26	32
广　东	22	2	30	21
广　西	9	21	16	24
海　南	1	6	4	3
重　庆	10	13	14	20
四　川	12	23	24	28
贵　州	6	12	7	6
云　南	14	10	7	14
西　藏	6	0	0	1
陕　西	11	11	14	16
甘　肃	4	2	1	4
青　海	2	3	6	4
宁　夏	5	7	7	4
总　计	347	382	494	536

表6-1-31　不同地区学校教师外聘及培训情况（2015年）

地区	5.9 外聘教师（人）	5.10 来自企业行业的外聘教师（人）	5.11 境外外聘教师（人）	5.12 教师去企业实践（人）	5.13 承接企业员工培训（人次）	5.14 参与企业技术咨询服务的教师（人）
北　京	9320	3652	1274	1481	211812	7431
天　津	6823	3538	356	2025	291688	2882
河　北	11939	5807	221	2636	125212	3654
山　西	1910	988	29	813	21924	1133
内蒙古	1638	1018	21	277	25168	771
辽　宁	9483	3991	1127	3139	117729	5782
吉　林	6565	2833	306	2479	103338	1813
黑龙江	7867	4296	328	2256	286848	2076
上　海	5562	1667	660	741	67838	2949
江　苏	27935	15911	1999	7244	878187	15357
浙　江	18222	11364	1381	4855	602932	8829
安　徽	14401	7607	363	2613	159431	5363
福　建	9795	5446	535	2916	247475	2406
江　西	5821	2555	175	1627	50079	1940
山　东	20261	13423	920	5835	355147	10369
河　南	13138	6839	385	4420	178602	4721
湖　北	12809	6693	478	3251	242527	5197
湖　南	10119	5120	416	3721	408526	5267
广　东	21737	14921	449	5771	323855	25613
广　西	9565	4893	223	1636	121506	2725
海　南	1745	632	32	372	72086	479
重　庆	10663	6646	248	1922	87566	1550
四　川	13134	7704	328	4313	377577	8010
贵　州	2332	1616	43	1011	43248	1445

续表

地区	5.9 外聘教师（人）	5.10 来自企业行业的外聘教师（人）	5.11 境外外聘教师（人）	5.12 教师去企业实践（人）	5.13 承接企业员工培训（人次）	5.14 参与企业技术咨询服务的教师（人）
云　南	6348	2613	209	810	37665	1406
西　藏	124	32	2	16	1119	40
陕　西	7744	3528	886	1229	110885	3019
甘　肃	394	239	2	300	6995	106
青　海	745	561	3	522	15118	266
宁　夏	1190	441	24	494	46109	508
新　疆	2155	944	39	1065	19375	847
总　计	271484	147518	13462	71790	5637567	133954

表6-1-32　不同地区学校校企合作开展科研项目情况（2015年）

地区	5.15 校企联合申报项目			5.16 所在省份企业委托项目			5.17 其他省份企业委托项目		
	项目数量（个）	合同金额（亿元）	当年实际收入（亿元）	合作项目量（个）	合同金额（亿元）	当年实际收入（亿元）	合作项目（个）	合同金额（亿元）	当年实际收入（亿元）
北　京	8897	37.58	21.54	5967	34.50	25.03	4015	27.08	14.11
天　津	2189	8.91	6.05	621	2.26	1.96	907	6.83	4.20
河　北	1590	2.98	2.26	907	1.33	0.94	695	1.49	1.11
山　西	280	0.91	0.43	729	1.60	1.07	127	0.32	0.19
内蒙古	247	0.29	0.27	42	0.05	0.04	7	0.02	0.02
辽　宁	2681	17.91	13.92	1935	7.49	6.12	1440	14.02	10.61
吉　林	1807	5.99	3.60	1043	2.38	1.40	803	2.30	2.36
黑龙江	1179	2.06	1.54	422	1.35	1.05	688	2.17	1.67
上　海	4750	13.49	12.90	3386	9.93	13.53	3214	15.28	10.53
江　苏	15726	45.45	26.54	11373	33.38	19.46	5366	23.22	14.17

续表

地区	5.15 校企联合申报项目			5.16 所在省份企业委托项目			5.17 其他省份企业委托项目		
	项目数量（个）	合同金额（亿元）	当年实际收入（亿元）	合作项目量（个）	合同金额（亿元）	当年实际收入（亿元）	合作项目（个）	合同金额（亿元）	当年实际收入（亿元）
浙　江	9541	23.74	11.39	7002	15.89	9.19	1439	8.18	3.80
安　徽	2110	5.78	13.19	1589	2.72	2.53	542	3.11	1.22
福　建	1296	3.39	2.61	1379	3.67	3.27	489	1.97	1.20
江　西	1555	3.59	1.90	535	1.08	0.76	187	0.56	0.38
山　东	4194	12.67	8.22	3271	9.11	6.26	976	5.84	2.83
河　南	1697	3.10	15.90	1606	2.82	1.73	534	1.37	1.04
湖　北	5438	15.28	9.06	3029	9.72	4.30	2557	6.47	5.41
湖　南	1425	2.20	4.38	1267	1.70	0.94	676	1.38	0.80
广　东	5686	16.11	12.12	4258	15.80	11.69	1297	3.99	3.65
广　西	1176	2.37	1.19	1210	2.12	0.83	210	0.26	0.17
海　南	76	0.11	0.10	56	0.08	0.08	26	0.02	0.02
重　庆	2351	8.72	3.00	1408	2.72	1.31	941	6.03	1.72
四　川	3428	9.41	8.99	1465	3.36	2.34	1683	8.19	6.92
贵　州	704	1.52	0.70	553	1.10	0.46	93	0.26	0.16
云　南	1507	3.58	2.19	1046	2.54	1.85	275	0.70	0.31
西　藏	27	0.26	0.10	17	0.26	0.10	1	0	0
陕　西	6244	55.43	43.16	2310	16.4	9.94	1914	8.29	6.48
甘　肃	0	0	0	0	0	0	0	0	0
青　海	136	0.34	0.07	33	0.12	0.05	2	0.01	0.01
宁　夏	71	0.05	0.01	65	0.05	0.03	1	0	0
新　疆	234	0.34	0.22	335	0.52	0.36	28	0.05	0.05
总　计	88242	303.57	227.54	58859	186.07	128.62	31133	149.42	95.13

表6-1-33　不同地区学校已设立成果转化与扩散专门平台情况（2015年）

（单位：个）

地区	5.18 专门的技术成果转化与扩散机构	5.19 专门的技术成果转化与扩散网站
北　京	25	14
天　津	20	9
河　北	19	11
山　西	2	2
内蒙古	3	2
辽　宁	29	12
吉　林	18	8
黑龙江	20	12
上　海	13	6
江　苏	56	46
浙　江	31	15
安　徽	24	13
福　建	25	13
江　西	17	7
山　东	39	26
河　南	19	11
湖　北	24	15
湖　南	24	12
广　东	22	11
广　西	10	5
海　南	2	1
重　庆	26	12
四　川	44	24
贵　州	6	1
云　南	9	5

续表

地区	5.18 专门的技术成果转化与扩散机构	5.19 专门的技术成果转化与扩散网站
西　藏	26	16
陕　西	2	2
甘　肃	5	0
青　海	2	1
宁　夏	11	0
总　计	573	312

表6-1-34　不同地区学校校企合作创新成果情况（2015年）

（单位：项）

地区	5.20 来自校企合作项目的发明专利申请	5.21 来自校企合作项目的发明专利授权
北　京	2155	1688
天　津	505	166
河　北	212	87
山　西	319	197
内蒙古	30	36
辽　宁	2054	950
吉　林	276	98
黑龙江	468	182
上　海	980	656
江　苏	4814	2301
浙　江	1780	1099
安　徽	637	231
福　建	598	259
江　西	97	40
山　东	1380	682

续表

地区	5.20 来自校企合作项目的发明专利申请	5.21 来自校企合作项目的发明专利授权
河　南	718	370
湖　北	632	277
湖　南	396	166
广　东	1978	726
广　西	334	120
海　南	17	14
重　庆	371	156
四　川	1621	881
贵　州	237	95
云　南	286	411
西　藏	2	1
陕　西	844	522
甘　肃	3	0
青　海	15	9
宁　夏	0	0
新　疆	17	14
总　计	23776	12434

表6-1-35　不同地区学校著作权转让及专利实施情况（2015年）

（单位：项）

地区	5.22 转让著作权	5.23 专利实施				
		转让实施专利	许可实施专利	技术入股实施专利	与其他单位或个人共同实施专利	自行实施专利
北　京	35	244	281	78	506	404
天　津	2	26	17	4	15	135

续表

地区	5.22 转让著作权	5.23 专利实施				
		转让实施专利	许可实施专利	技术入股实施专利	与其他单位或个人共同实施专利	自行实施专利
河　北	17	36	71	17	111	305
山　西	14	38	21	15	25	30
内蒙古	3	14	0	1	4	76
辽　宁	20	35	60	29	351	476
吉　林	150	16	25	12	15	203
黑龙江	255	63	29	10	19	115
上　海	1	193	120	14	3	85
江　苏	34	642	1325	60	402	3151
浙　江	108	259	194	43	51	243
安　徽	143	63	39	28	20	490
福　建	6	48	29	2	15	77
江　西	25	18	4	2	33	186
山　东	242	119	68	32	161	244
河　南	129	61	18	17	102	1283
湖　北	72	94	62	41	95	205
湖　南	22	31	70	25	73	334
广　东	39	102	223	15	211	482
广　西	4	37	9	0	37	808
海　南	0	0	0	0	10	21
重　庆	250	69	122	8	78	500
四　川	127	240	718	66	226	631
贵　州	1	8	0	0	3	20
云　南	152	6	3	4	12	116
西　藏	1	0	0	0	0	4

续表

地区	5.22 转让著作权	5.23 专利实施				
		转让实施专利	许可实施专利	技术入股实施专利	与其他单位或个人共同实施专利	自行实施专利
陕　西	152	264	332	20	314	185
甘　肃	0	0	0	0	0	0
青　海	0	2	0	0	4	7
宁　夏	8	0	0	0	4	70
新　疆	0	1	4	0	9	28
总　计	2012	2729	3844	543	2909	10914

表6-1-36　不同地区学校技术转让情况（2015年）

地区	5.24 技术转让			所在省份的技术转让			5.25 以知识产权投资形式注册企业（家）	5.26 以知识产权投资形式注册企业股权作价（亿元）
	项目数量（个）	合同金额（亿元）	当年实际收入（亿元）	合作项目量（个）	合同金额（亿元）	当年实际收入（亿元）		
北　京	269	1.74	1.21	130	0.40	0.26	50	2.17
天　津	263	0.89	0.63	136	0.23	0.19	10	0.08
河　北	103	0.24	0.14	57	0.14	0.05	0	0
山　西	337	0.59	0.58	323	0.56	0.56	0	0
内蒙古	18	0.01	0.01	4	0	0	0	0
辽　宁	223	1.33	0.75	122	0.38	0.37	19	0.38
吉　林	154	0.75	0.55	60	0.41	0.30	7	0.25
黑龙江	207	0.62	0.52	83	0.12	0.10	10	0.98
上　海	300	1.37	0.25	182	0.77	0.13	5	0.67
江　苏	3461	7.40	4.74	2449	4.19	3.11	28	1.43
浙　江	394	1.12	1.63	326	0.60	0.40	16	0.2

续表

地区	5.24 技术转让			所在省份的技术转让			5.25 以知识产权投资形式注册企业（家）	5.26 以知识产权投资形式注册企业股权作价（亿元）
	项目数量（个）	合同金额（亿元）	当年实际收入（亿元）	合作项目量（个）	合同金额（亿元）	当年实际收入（亿元）		
安　徽	1145	2.44	1.2	581	1.70	0.69	7	0.19
福　建	162	0.60	0.25	127	0.47	0.21	2	0.09
江　西	68	0.13	0.07	53	0.11	0.05	1	0
山　东	796	2.43	1.53	660	1.88	1.26	2	0.11
河　南	264	0.78	0.61	266	0.50	0.39	3	0.02
湖　北	282	1.23	0.52	306	0.57	0.18	19	0.39
湖　南	81	0.38	0.14	63	0.27	0.07	1	0.01
广　东	429	2.01	1.22	309	1.59	0.94	10	2
广　西	41	0.03	0.02	34	0.02	0.02	0	0
海　南	0	0	0	0	0	0	0	0
重　庆	404	3.53	0.38	661	0.12	0.11	7	0
四　川	551	1.99	1.35	217	0.52	0.31	63	0.59
贵　州	15	0.05	0.02	14	0.05	0.01	0	0
云　南	19	0.28	0.21	16	0.11	0.34	3	0.19
西　藏	1	0.08	0.08	0	0	0	0	0
陕　西	1184	2.77	1.87	842	13.9	8.83	9	0.39
甘　肃	0	0	0	0	0	0	0	0
青　海	0	0	0	0	0	0	0	0
宁　夏	0	0	0	0	0	0	0	0
新　疆	1	0	0	1	0	0	0	0
总　计	11172	34.78	20.48	8022	29.62	18.87	272	10.12

（二）项目负责人调查

2015年高校创新调查中的项目负责人调查主要是考察项目负责人在人才培养与服务、产学研合作研究及科研成果转化与扩散中的行为与感知、了解校企合作创新存在的制约因素及政策诉求。2015年，共有3626名项目负责人参与了调查，具体信息见附录1。

1. 科研与教学关系

表6-2-1　项目负责人认为科研与教学的关系

（单位：%）

5.27 科研与教学的关系					
从事科研和开发对于提升教学能力和教学质量的促进作用		学生参与企业科研项目对培养创新人才的重要程度		科研成果能否有效转化为教育教学资源，如教材、案例、实验、作业、课程设计等	
选项	百分比	选项	百分比	选项	百分比
（1）很大	41.4	（1）很重要	62.5	（1）很多能	26.8
（2）较大	50.4	（2）较重要	34.2	（2）较多能	46.3
（3）较小	7.5	（3）较不重要	2.8	（3）较少能	23.4
（4）没有	0.7	（4）很不重要	0.6	（4）很少能	3.4

表6-2-2　项目负责人认为制约科研成果向教育教学资源转化的因素（按制约大小排序）

（单位：%）

5.28 制约科研成果向教育教学资源转化的因素	第一选择	第二选择	第三选择	第四选择	第五选择	第六选择	合计
（1）学校缺乏激励引导的政策措施	40.0	23.1	14.1	5.7	2.1	0.1	85.0
（2）科研方向与教学内容不匹配	29.4	15.6	16.7	6.7	3.7	0.1	72.3
（3）教师时间精力有限无暇顾及	21.0	29.4	15.7	6.6	9.0	0.2	81.9
（4）科研成果无转化价值	6.5	12.3	10.0	15.4	10.1	0.2	54.5
（5）教育教学本身不需要转化资源	2.0	5.4	7.4	13.7	19.0	0.7	48.2
（6）其他	1.1	0.5	0.4	0.4	0.5	4.5	7.4

表6-2-3　不同规格学校项目负责人认为制约科研成果向教育教学资源转化的因素

（单位：%）

5.28 制约科研成果向教育教学资源转化的因素	项目负责人按学校规格分		所有项目负责人
	本科	高职专科	
（1）学校缺乏激励引导的政策措施	29.1	30.5	29.4
（2）科研方向与教学内容不匹配	6.2	8.0	6.5
（3）教师时间精力有限无暇顾及	42.7	25.7	40.0
（4）科研成果无转化价值	1.6	4.1	2.0
（5）教育教学本身不需要转化资源	19.1	31.5	21.0
（6）其他	1.3	0.2	1.1

表6-2-4　不同类型学校项目负责人认为制约科研成果向教育教学资源转化的因素

（单位：%）

5.28 制约科研成果向教育教学资源转化的因素	项目负责人按学校类型分							所有项目负责人
	综合	理工	农林	医药	财经	师范	其他	
（1）学校缺乏激励引导的政策措施	29.4	28.6	31.2	32.6	35.6	30.7	32.6	29.4
（2）科研方向与教学内容不匹配	6.5	6.3	6.8	2.3	4.4	7.3	2.3	6.5
（3）教师时间精力有限无暇顾及	40	40.9	41.5	41.9	42.2	42	41.9	40.0
（4）科研成果无转化价值	2	1.7	1.5	4.7	2.2	2	4.7	2.0
（5）教育教学本身不需要转化资源	21	21.3	18.5	18.6	15.6	15.7	18.6	21.0
（6）其他	1.1	1.2	0.6	0	0	2.3	0	1.1

表6-2-5　不同职称项目负责人认为制约科研成果向教育教学资源转化的因素

（单位：%）

5.28 制约科研成果向教育教学资源转化的因素	项目负责人按职称分			所有项目负责人
	正高	副高	中级	
（1）学校缺乏激励引导的政策措施	30.0	28.2	30.6	29.4
（2）科研方向与教学内容不匹配	6.7	6.2	6.6	6.5
（3）教师时间精力有限无暇顾及	42.3	42.1	35.1	40.0
（4）科研成果无转化价值	1.4	1.5	3.3	2.0
（5）教育教学本身不需要转化资源	18.4	21	23.4	21.0
（6）其他	1.2	1.0	1.1	1.1

2. 产学研合作创新

表6-2-6　项目负责人为企业提供专业培训情况

5.29 项目负责人为企业提供专业培训情况	百分比（%）
1～2次	19.9
3～5次	8.0
6～10次	1.9
10次以上	0.9
未提供过	69.3

表6-2-7　项目负责人为企业提供专业咨询情况

5.30 项目负责人为企业提供专业咨询情况	百分比（%）
1～10次	30.6
20～50次	20.6
50～100次	3.1
100次以上	4.0
未提供过	41.7

表6-2-8　项目负责人对自身学校需要服务的对象的定位（按顺序排列）

（单位：%）

5.31 项目负责人认为自身学校需要服务的对象	第一选择	第二选择	第三选择
（1）大型企业	37.8*	13.5	26.6
（2）中小企业	51.0	37.1	1.2
（3）小微企业	11.2	21.2	39.4

* 表示37.8%的项目负责人认为自身学校首先需要为大型企业服务。其他数据同理。

表6-2-9　不同规格学校项目负责人认为自身学校最需要服务的对象

（单位：%）

5.31 项目负责人认为自身学校需要服务的对象	项目负责人按学校规格分	
	本科	高职专科
（1）大型企业	42.5*	14.3
（2）中小企业	48.4	62.8
（3）小微企业	9.1	22.9

* 表示42.5%的本科院校项目负责人认为自身学校最需要为大型企业服务。其他数据同理。

表6-2-10　项目负责人在与企业开展合作创新过程中遇到各类纠纷的频率

（单位：%）

5.32 校企合作创新过程中的纠纷	频率高	频率中	频率低	无
资金不到位	10.8	20.6	19.3	29.0
成果的知识产权归属	4.8	12.5	17.9	31.7
收益分配	5.0	13.0	17.4	30.6
其他	1.2	1.4	1.1	12.1

表6-2-11 影响产学研合作创新的激励因素（按激励大小排序）

（单位：%）

5.33 影响产学研合作创新的激励因素	第一选择	第二选择	第三选择	第四选择	第五选择	第六选择	合计
（1）项目价值及自我价值的实现	65.2	9.7	7.3	4.1	2.9	2.6	91.8
（2）项目经费较多	10.0	26.3	14.0	11.6	6.9	2.9	71.7
（3）学校配套资金支持	2.9	7.6	11.6	10.2	11.5	13.8	57.6
（4）纳入职称晋升条件	11.7	18.3	15.6	14.2	7.9	4.4	72.1
（5）课题经费提成等物质激励	5.1	10.8	14.5	11.8	15.8	8.7	66.7
（6）荣誉奖励	3.6	14.7	13.5	10.5	9.5	14.1	65.9

表6-2-12 不同规格学校项目负责人认为影响产学研合作创新的激励因素

（单位：%）

5.33 影响产学研合作创新的激励因素	项目负责人按学校规格分		所有项目负责人
	本科	高职专科	
（1）项目价值及自我价值的实现	66.4	58.2	65.2
（2）项目经费较多	10.4	8.0	10.0
（3）学校配套资金支持	1.9	8.8	2.9
（4）纳入职称晋升条件	11.4	13.4	11.7
（5）课题经费提成等物质激励	5.5	3.5	5.1
（6）荣誉奖励	2.9	6.9	3.6
（7）其他	1.5	1.1	1.4

表6-2-13　影响产学研合作发展创新的制约因素（按制约大小排序）

（单位：%）

5.34 影响产学研合作创新的制约因素	第一选择	第二选择	第三选择	第四选择	第五选择	第六选择	合计
（1）缺乏激励机制	43.0	18.6	14.6	6.5	3.9	0.1	86.7
（2）成果知识产权归属纠纷	5.7	10.9	11.1	16.0	20.4	0.6	64.7
（3）缺乏合理的收益分配	8.7	21.8	21.4	14.4	8.3	0.3	74.9
（4）缺乏有力的团队支撑	20.5	22.2	16.9	14.9	5.6	0.2	80.3
（5）缺乏信息获取渠道	20.3	15.4	11.9	9.9	16.8	0.4	74.7
（6）其他	1.9	0.5	0.4	0.4	0.9	5.9	10.0

表6-2-14　不同规格学校项目负责人认为影响产学研合作创新的制约因素

（单位：%）

5.34 影响产学研合作创新的制约因素	项目负责人按学校规格分		所有项目负责人
	本科	高职专科	
（1）缺乏激励机制	43.7	39.8	43.0
（2）成果知识产权归属纠纷	5.8	5.0	5.7
（3）缺乏合理的收益分配	9.0	7.2	8.7
（4）缺乏有力的团队支撑	19.2	26.8	20.5
（5）缺乏信息获取渠道	20.4	19.5	20.3
（6）其他	1.9	1.7	1.9

表6-2-15　不同职称项目负责人认为影响产学研合作创新的制约因素

（单位：%）

5.34 影响产学研合作创新的制约因素	项目负责人按职称分			所有项目负责人
	正高	副高	中级	
（1）缺乏激励机制	46.3	42.7	39.8	43.0
（2）成果知识产权归属纠纷	6.3	5.0	6.0	5.7
（3）缺乏合理的收益分配	10.4	9.2	6.1	8.7
（4）缺乏有力的团队支撑	17.5	20.7	23.6	20.5
（5）缺乏信息获取渠道	16.6	21.0	23.4	20.3
（6）其他	3.0	1.4	1.3	1.9

3. 产学研合作成果转化与扩散

表6-2-16　项目负责人在创新成果转化过程中获得过的学校激励

学校激励	获得激励的百分比（%）
学校年终绩效奖励	59.2
成果转化纳入职称评定条件	45.3
学校的技术转让收入提成奖励	29.7
国家的转让收入税收减免	15.3

表6-2-17　制约创新成果转化或扩散的因素（按制约大小排序）

（单位：%）

5.35 制约创新成果转化或扩散的因素	第一选择	第二选择	第三选择	第四选择	第五选择	第六选择	合计
（1）缺乏信息来源	32.1	10.9	12.1	13.8	6.7	2.7	78.2
（2）缺乏激励机制	25.3	27.0	14.6	10.6	4.7	2.1	84.2
（3）缺乏资金支持	16.5	21.6	18.0	15.6	4.5	1.5	77.8

续表

5.35 制约创新成果转化或扩散的因素	第一选择	第二选择	第三选择	第四选择	第五选择	第六选择	合计
（4）缺乏政策支持	14.8	23.9	23.2	10.7	4.3	1.6	78.5
（5）成果无市场前景	7.9	5.0	5.9	6.1	20.1	11.9	56.7
（6）中介机构不健全	2.4	3.5	5.5	6.1	11.6	24.6	53.8

表6-2-18　不同规格学校项目负责人认为制约创新成果转化或扩散的因素

（单位：%）

5.35 制约创新成果转化或扩散的因素	项目负责人按学校规格分		所有项目负责人
	本科	高职专科	
（1）缺乏信息来源	32.7	27.9	32.1
（2）缺乏激励机制	26.5	19.6	25.3
（3）缺乏资金支持	14.5	16.9	14.8
（4）缺乏政策支持	15.4	22.0	16.5
（5）成果无市场前景	7.5	9.5	7.9
（6）中介机构不健全	2.1	3.9	2.4
（7）其他	1.3	0.2	1.1

表6-2-19　不同类型学校项目负责人认为制约创新成果转化或扩散的因素

（单位：%）

5.35 制约创新成果转化或扩散的因素	项目负责人按学校类型分							所有项目负责人
	综合	理工	农林	医药	财经	师范	其他	
（1）缺乏信息来源	29.8	34.0	30.4	34.4	27.3	28.3	37.2	32.1
（2）缺乏激励机制	24.9	24.0	28.3	23.7	22.7	33.0	18.6	25.3
（3）缺乏资金支持	15.1	15.3	16.5	9.7	11.4	11.3	11.6	14.8
（4）缺乏政策支持	17.4	15.8	16.5	15.1	27.3	15.7	25.6	16.5

续表

5.35 制约创新成果转化或扩散的因素	项目负责人按学校类型分							所有项目负责人
	综合	理工	农林	医药	财经	师范	其他	
（5）成果无市场前景	9.1	7.3	6.2	12.9	9.1	8.0	4.7	7.9
（6）中介机构不健全	2.3	2.5	1.5	4.3	0.0	2.7	2.3	2.4
（7）其他	1.3	1.1	0.6	0	2.3	1	0	1.1

表6-2-20　不同职称项目负责人认为制约创新成果转化或扩散的因素

（单位：%）

5.35制约创新成果转化或扩散的因素	项目负责人按职称分			所有项目负责人
	正高	副高	中级	
（1）缺乏信息来源	29.8	30.4	36.9	32.1
（2）缺乏激励机制	28.0	26.7	20.8	25.3
（3）缺乏资金支持	13.0	15.0	16.3	14.8
（4）缺乏政策支持	18.4	16.4	14.9	16.5
（5）成果无市场前景	7.5	7.7	8.0	7.9
（6）中介机构不健全	1.8	3.1	2.0	2.4
（7）其他	1.6	0.7	1.1	1.1

附录1：产学研合作调查对象

1. 部门负责人调查

截至2016年5月1日，共有1762所普通高校参与了高校创新调查。

表1　参与调查学校的办学类型（2015年）

办学类型	填报学校数量（所）	学校总数量（所）	填报比例（%）
综合大学	423	603	70.1
理工院校	627	895	70.1
农业院校	58	82	70.7
林业院校	12	19	63.2
医药院校	137	188	72.9
师范院校	162	218	74.3
语文院校	35	54	64.8
财经院校	171	258	66.3
政法院校	43	71	60.6
体育院校	22	32	68.8
艺术院校	59	91	64.8
民族院校	13	18	72.2

表2　参与调查学校的规格（2015年）

学校规格	填报学校数量（所）	学校总数量（所）	填报比例（%）
本科	908	1202	75.5
其中：独立学院	160	283	56.5
高职专科	854	1327	64.4

表3　参与调查学校的隶属关系（2015年）

主管部门	填报学校数量（所）	学校总数量（所）	填报比例（%）
中央部门	95	113	84.1
教育部门	63	73	86.3
其他部门	32	40	80.0
地方	1231	1689	72.9
教育部门	806	1053	76.5
其他部门	399	592	67.4
地方企业	26	44	59.1
民办	436	727	60.0

表4　参与调查学校的地区分布（2015年）

地区	填报学校数量（所）	学校总数量（所）	填报比例（%）
北　京	86	89	96.6
天　津	46	55	83.6
河　北	81	118	68.6
山　西	13	79	16.5
内蒙古	17	50	34.0
辽　宁	91	116	78.4

续表

地区	填报学校数量（所）	学校总数量（所）	填报比例（%）
吉　林	57	58	98.3
黑龙江	66	80	82.5
上　海	27	68	39.7
江　苏	136	159	85.5
浙　江	99	104	95.2
安　徽	108	118	91.5
福　建	55	88	62.5
江　西	37	95	38.9
山　东	93	141	66.0
河　南	105	129	81.4
湖　北	68	123	55.3
湖　南	84	124	67.7
广　东	96	141	68.1
广　西	61	70	87.1
海　南	12	17	70.6
重　庆	57	63	90.5
四　川	87	107	81.3
贵　州	25	55	45.5
云　南	45	67	67.2
西　藏	6	6	100.0
陕　西	52	92	56.5
甘　肃	2	43	4.7
青　海	12	12	100.0
宁　夏	14	18	77.8
新　疆	23	44	52.3

2. 项目负责人调查

截至2016年5月1日，全国共有3626位拥有校企合作项目的项目负责人参与了高校创新调查。

表5　项目负责人背景信息

特征		有效填报人数	百分比（%）
性别	男	2624	72.4
	女	1002	27.6
年龄	35岁及以下	817	22.5
	36～45岁	1591	43.9
	46～55岁	1048	28.9
	56岁以上	169	4.7
学历	博士	2170	59.9
	硕士	1006	27.8
	本专科	449	12.4
职称	正高	1140	31.6
	副高	1427	39.6
	中级	1037	28.8

附录2：指标解释

● R&D人员

指调查单位内部从事基础研究、应用研究和试验发展三类活动的人员，包括直接参加上述三类项目活动的人员以及这三类项目的管理人员和直接服务人员。为研发活动提供直接服务的人员包括直接为研发活动提供资料文献、材料供应、设备维护等服务的人员。

● R&D人员全时当量

指R&D全时人员（全年从事R&D活动累积工作时间占全部工作时间的90%及以上人员）工作量与非全时人员按实际工作时间折算的工作量之和，是国际上通用的、用于比较科技人力投入的指标。例如：有2个R&D全时人员（工作时间分别为0.9年、1年）和3个R&D非全时人员（工作时间分别为0.2年、0.3年和0.7年），则R&D人员全时当量=1+1+0.2+0.3+0.7=3.2（人年）。

● 基础研究

指为获得关于现象和可观察事实的基本原理的新知识（揭示客观事物的本质、运动规律，获得新发展、新学说）而进行的实验性或理论性研究，它不以任何专门或特定的应用或使用为目的。

● 应用研究

指为获得新知识而进行的创造性研究，主要针对某一特定的目的或目标。应用研究是为了确定基础研究成果可能的用途，或是为达到预定的目标探索应采取的新方法（原理性）或新途径。

● 试验发展

指利用从基础研究、应用研究和实际经验所获得的现有知识，为产生新的产品、材料和装置，建立新的工艺、系统和服务，以及对已产生和建立的上述各项作实质性的改进而进行的系统性工作。

● 研究人员

指R&D人员中具备中级以上职称或博士学历（学位）的人员。

● R&D经费内部支出

指调查单位在报告年度用于内部开展R&D活动的实际支出，包括用于R&D项目（课题）活动的直接支出，以及间接用于R&D活动的管理费、服务费，与R&D有关的基本建设支出和外协加工费等；不包括生产性活动支出、归还贷款支出，以及与外单位合作或委托外单位进行R&D活动而转拨给对方的经费支出。

● 政府资金

指调查单位R&D经费内部支出中来自各级政府部门的各类资金，包括财政科学技术拨款、科学基金、教育等部门事业费，以及政府部门预算外资金的实际支出。

● 企业资金

指调查单位R&D经费内部支出中来自本企业的自有资金和接受其他企业委托而获得的经费，以及科研院所、高校等事业单位从企业获得的资金的实际支出。

● R&D项目（课题）

指调查单位在当年立项并开展研究工作、以前年份立项仍继续进行研究的研究开发项目或课题，包括当年完成和年内研究工作已告失败的研发项目或课题。

● 专利

指发明创造经审查合格后，由国务院专利行政部门依据专利法授予申请人对该项发明创造享有的专有权，是专利权的简称。发明创造是指发明、实用新型和外观设计。

● 有效发明专利数

指调查单位作为专利权人在报告年度拥有的、经国内外知识产权行政部门授权且在有效期内的发明专利件数。

● 专利所有权转让及许可数

指报告年度调查单位向外单位转让专利所有权或允许专利技术由被许可单位使用的件数。

● 专利所有权转让与许可收入

指报告年度调查单位向外单位转让专利所有权或允许专利技术由被许可单位使用而得到的收入，包括当年从被转让方或被许可方得到的一次性付款和分期付款收入，以及利润分成、股息收入等。

● 形成国家或行业标准数

指报告年度调查单位在自主研发或自主知识产权基础上形成的国家或行业标准，形成国家或行业标准须经有关部门批准。

● 高校作为卖方的成交合同数

指在全国技术市场成交合同中卖方登记为事业法人中的高校的件数。

● 高校作为卖方的成交合同金额

指在全国技术市场成交合同中卖方登记为事业法人中的高校的金额数。

● 学校与企业联合建立研究机构

指学校和企业联合建立实验室、研究中心等研究机构。

● 外聘教师

指在学校备案的学校聘请的外部教师，不包括院聘、系聘教师。

● 学校与企业共同承担科研项目

指学校与企业共同申请的纵向项目。

● 与企业合作开展科研项目

指学校与企业共同申请的纵向项目和企业委托学校开展的横向项目。

● 知识产权投资

指知识产权人依法将专利权、商标权或著作权等知识产权资产评估作价，作为对企业的非货币、非实物出资，以获得所对应的企业股权的行为。知识产权投资属于非货币、非实物出资，因此，必须比照实物投资，依法将知识产权资产评估作价后出资。知识产权投资一般有转让投资、合作投资、许可投资、合资投资等方式。

附录3：数据来源

[1]教育部发展规划司，《中国教育统计年鉴》（2005—2014）。

[2]国家统计局、科技部，《中国科技统计年鉴》（2006—2015）。

[3]教育部科学技术司，《高等学校科技统计资料汇编》（2006—2015）。

[4]国家统计局，《中国统计年鉴》（2006—2015）。

[5]OECD，*Main Science and Technology Indicators*。

[6]教育部、科技部联合开展的2015年普通高校创新活动统计调查。